RUDOLF STEINER

Interesse für den anderen Menschen

W0065476

RUDOLF STEINER

INTERESSE FÜR DEN ANDEREN MENSCHEN

Drei Vorträge

*Herausgegeben, eingeleitet und mit
einem Nachwort versehen
von Andreas Neider*

VERLAG FREIES GEISTESLEBEN

ISBN 3-7725-1772-2

1. Auflage 1999
Verlag Freies Geistesleben
Landhausstraße 82, 70190 Stuttgart
Internet: www. geistesleben.com

Einband: Thomas Neuerer unter Verwendung
eines Bildes von Doris Hecht
Druck: Offizin Chr. Scheufele, Stuttgart

INHALT

EINLEITUNG

Wie jeder große Denker, Philosoph oder Mensch-
heitslehrer ist auch Rudolf Steiner oft nur dann zu
verstehen, wenn man in seine Gedankenwelt ein-
taucht, sich in seinen Ideen bewegt, kurz, die Welt
mit seinen Augen betrachten lernt. Das bedeutet
nicht, seine Weltsicht zu übernehmen, sondern sie zu
überprüfen, sie an den eigenen Erfahrungen zu mes-
sen und zu schauen, ob und wie sie für das eigene
Leben fruchtbar werden können.

Eine für Steiners soziale Ideen maßgebende
Grundkategorie ist die der «Bewußtseinsseele». Die
«Bewußtseinsseele» ist für Steiner nicht nur ein Be-
standteil der menschlichen Seele, sie ist ein Entwicklungszustand, in dem sich die moderne Menschheit
seit Anbruch der Neuzeit befindet. Entwicklungszustand heißt im Steinerschen Sinne: Jeder Mensch entwickelt sich heute so weit, daß er die Bewußtseinsseele dabei ausbildet. Was aber bedeutet das?

Die Bewußtseinsseele ist, so beschreibt es Steiner in
seinem Grundwerk *Theosophie*, der Teil der Seele, in
dem das Ich des Menschen als rein geistiges, vom

Leibe unabhängiges Wesen in Erscheinung tritt. Die Bewußtseinsseele ist damit der eigentliche Wesenskern des Menschen. Dieses Bewußtsein seiner selbst als individueller Wesenheit entwickelt der Mensch nun aber erst in der Auseinandersetzung mit der materiellen Außenwelt, denn der «Härte» seines Wesenskerns entsprich die «Härte» in der Konkretion materieller, äußerer Gegenstände. Bewußtseinsseele als Entwicklungszustand bedeutet daher auch: Erforschung der äußeren Natur nach streng wissenschaftlichen, das heißt vom menschlichen Denken durchschaubaren und überprüfbaren Gesetzen. Das Denken tritt in der Bewußtseinsseele nicht nur die Welt begreifend und nutzbar machend auf, es kann sich zugleich selbst in seiner Tätigkeit beobachten, sich selbst überprüfen.

Damit wird aber auch deutlich, was diese Seelengebärde im Sozialen für Auswirkungen hat. Indem die Bewußtseinsseele ein Bewußtsein ihrer selbst als denkendes Wesen und zugleich ein Bewußtsein der Gesetzmäßigkeiten der äußeren Welt entwickelt, isoliert sie sich vollständig, sie stellt sich selbst als einzelne Ich-Wesenheit der Welt und mithin allen anderen Ichen gegenüber.

Diese Abgeschlossenheit des Menschen wurde nun philosophisch und sozialdenkerisch immer wieder beschrieben. Für das Denken des 19. Jahrhunderts waren dabei besonders wirksam die Ideen von Marx und Engels, weil sie die Menschen in gewisser Weise über ihre Isoliertheit dadurch hinwegtäuschten, daß

sie an die Stelle des einzelnen Ich-Bewußtseins das
«Klassenbewußtsein» setzten, das im kommunisti-
schen Manifest in dem berühmten Satz «Proletarier
aller Länder vereinigt euch!» zum Ausdruck kam.

Für Steiner geht es demgegenüber darum, die in
gewissem Sinne «antisoziale» Beschaffenheit des gegenwärtigen Menschheitsbewußtseins, also der Bewußtseinsseele, als Konstitutionsmerkmal des Menschen ernst zu nehmen.

Im Herbst 1918 spricht Rudolf Steiner immer wieder davon, daß es nicht genüge, einen Sozialismus
auszurufen, solange die diesem entgegenstehenden
antisozialen Kräfte nicht gebändigt sind. Diese
machten sich politisch vor allem dadurch geltend,
daß Gruppen nationale oder soziale ihre Interessen
gegeneinander ausspielten. So wendet sich Steiner
sowohl gegen das Selbstbestimmungsrecht der Völker, wie es Wilson Anfang 1918 proklamiert hatte,
wie auch gegen die sozialistischen Vereinigungssehn-
süchte, die sich lediglich auf die eigene Klasse bezogen und dabei gegen eine andere Klasse gerichtet
waren.

Steiner setzt dagegen das konkrete Interesse des
einzelnen Menschen an dem anderen.

Mit dem Begriff des *Interesses* weist Steiner aber
auf ein besonderes Charakteristikum unseres Denkens, wie es in der Bewußtseinsseele auftritt, hin. Das
Denken distanziert nicht nur, es verbindet auch.
(«Der Speer nur heilt die Wunde, der sie schlug»,
heißt es in Richard Wagners «Parsifal».) Wer auf die

9

denkende Tätigkeit hinblicken lernt, so wie es Steiner in seinem philosophischen Grundwerk, der *Philosophie der Freiheit* vorgeführt hat, der bemerkt dabei, daß uns das Denken der Welt nicht nur gegenüberstellt. Im Denken finden wir auch den Schlüssel zu den Geheimnissen der Welt, es eröffnet uns den Zugang zu einem Sich-eins-Erleben mit der Welt. Denn, so führt Steiner in der *Philosophie der Freiheit* näher aus (Zusatz zum 8. Kapitel), im Denken sind unterschwellig auch Gefühl und Wille beteiligt. Unser Gefühls- und Willensanteil des Denkens ist es, der uns im Denken mit der Welt verbindet. Diese tieferen Dimensionen des Denkens umschreibt Steiner letztlich mit dem Begriff «Interesse»; sie können, so zeigen es seine Ausführungen, weiter entwickelt werden.

Im ersten hier wiedergegebenen Vortrag macht er deutlich, wie das Interesse sich als Gegengewicht gegen die antisozialen beziehungsweise bösen Neigungen der Menschenseele entwickeln muß. Hier deutet er auf eine sehr weit in die Zukumft weisende Entwicklung des Menscheninteresses in vier Stufen, von der die erste – das bildhafte Auffassen des anderen Menschen – dann in den beiden weiteren Vorträgen wieder aufgegriffen wird.

Im zweiten Vortrag werden wiederum die antisozialen Kräfte charakterisiert: das Sich-Behaupten gegen das Eingeschläfertwerden durch die Gedanken des anderen im Denken, das Verzerren des wahren Bildes des anderen im Fühlen durch Sympathien und

Antipathien, die als Liebe kaschierte egoistische Selbstliebe im Wollen.

Das mittlere Element der Sympathien und Antipathien im Fühlen wird im darauffolgenden Vortrag wieder aufgegriffen in dem Hinweis auf die *Bildnatur* des Menschen. Hier wird dann auch am konkretesten ausgeführt, wie diese bildhafte Auffassung des anderen Menschen durch das Entwickeln des Interesses verstärkt werden kann. Es geschieht dies durch eine Rückschauübung, die sich auf das eigene Leben richtet. Bei dieser Rückschau solle man insbesondere auf den Anteil blicken, den die anderen Menschen am eigenen Lebenslauf gehabt haben. Dadurch reißen wir uns von der egoistischen Selbstbespiegelung los und kommen immer mehr zu einem sympathie- und antipathiefreien Blick auf die anderen Menschen, der schließlich zum imaginativen Blick wird. Dieses Element des imaginativen Schauens des anderen Menschen wird in einem weiteren Vortrag in Bern weiterentwickelt. Die entsprechende Passage dieses Vortrages ist den hier abgedruckten drei Vorträgen noch angefügt.

Die Ausführungen Rudolf Steiners über die Entwicklung des Interesses am anderen Menschen zeigen deutlich, wie konkret er die soziale Frage aufgefaßt hat. Die Forderung nach Sozialisierung beziehungsweise Sozialismus blieb für ihn nicht im Abstrakten, sondern sie wird bis hinein in die konkrete Übung der Rückschau auf das eigene Leben durchgeführt. Die Ausbildung des echten Interesses

am anderen durch die Entwicklung eines imaginativen Auffassens der Bildnatur des Menschen ent-
spricht im oben gemeinten Sinne einer Entwicklung
der tieferen Dimensionen des Denkens im Gefühls-
und Willensbereich. Durch eine solche Entwicklung,
so war es die tiefe Überzeugung Steiners, können die
sozialen Zerwürfnisse und Spaltungen unserer Zeit
schließlich überwunden und sogar geheilt werden.

I.

DIE ÜBERWINDUNG DER NEIGUNGEN ZUM BÖSEN DURCH DIE FÖRDERUNG DES GEGENSEITIGEN INTERESSES

Dornach, 26. Oktober 1918

Selbst innerhalb der Grenzen, die gegenwärtig noch geboten sind, wenn man über solche Dinge spricht, kann man dasjenige, was von dem Mysterium des Bösen handelt in der fünften nachatlantischen Kulturperiode, der Periode der Bewußtseinsseele, in der wir leben, eigentlich nicht ohne tiefe Bewegung besprechen. Denn es wird damit etwas berührt, was zu den tiefsten Geheimnissen dieser fünften nachatlantischen Periode gehört, was, wenn es besprochen wird, heute noch auf sehr wenig entwickelte menschliche Fähigkeiten des Verständnisses gerade für solche Dinge stößt. Die Empfindungsmöglichkeiten, welche die heutige Menschheit für solche Dinge hat, sind noch wenig entwickelt. Dennoch muß man sagen, daß gewisse Hindeutungen auf das Mysterium des Bösen und das andere, das damit zusammenhängt, das Mysterium des Todes, in allen sogenannten Geheimgesellschaften der neueren Zeit immer wieder und wiederum bildhaft versucht worden sind.

Aber diese bildhaften Darstellungen, zum Beispiel auch in den sogenannten maurerischen Gemeinschaften, sie wurden ja insbesondere in den letzten Jahrzehnten seit dem letzten Drittel des 19. Jahrhunderts in einer recht wenig ernsten Weise gepflogen, oder aber sie wurden in einer solchen Art gepflogen, wie ich es vor jetzt fast zwei Jahren hier mit Bezug auf gewichtige Ereignisse der Gegenwart angedeutet habe.

Die damaligen Andeutungen machte ich auch nicht ohne tiefergehenden Beweggrund, denn wer von diesen Dingen Kenntnis hat, der weiß, welche Untiefen menschlichen Wesens man mit diesen Dingen eigentlich berührt. Allein es hat ja vieles gezeigt, wie wenig im Grunde genommen heute schon Wille zum Verständnis solcher Dinge vorhanden ist. Der Wille zum Verständnis, er wird ja gewiß kommen, und es muß dafür gesorgt werden, daß er komme. Es muß auf jedem Wege, der möglich erscheint, dafür gesorgt werden, daß dieser Wille kommt. Man muß, wenn man über diese Dinge spricht, manchmal den Schein hervorrufen, als ob man eine Art Kritik der Gegenwart nach der einen oder nach der anderen Richtung hin geben wolle. Auf dasjenige, was ich gestern zum Beispiel vorgebracht habe über die Konfiguration der Weltanschauungsbestrebungen innerhalb des Bürgertums, seit dem letzten Drittel des 19. Jahrhunderts namentlich, aber im Grunde genommen schon seit langer Zeit, das kann ja auch, wenn man es trivial auffassen will, wie eine Kritik aufgefaßt werden.

Aber alles das, was hier vorgebracht wird, ist nicht so gemeint, ist nicht wie eine Kritik gemeint, sondern ist gesagt zur Charakteristik, ist dazu gesagt, daß man einsieht, welche Kräfte und Impulse gewaltet haben. Von einem gewissen Gesichtspunkte aus betrachtet, haben ja diese Impulse notwendigerweise gewaltet. Man könnte auch beweisen, daß es notwendig war, daß das Bürgertum der zivilisierten Welt die Jahrzehnte von den vierziger Jahren bis zu dem Ende der siebziger Jahre verschlafen hat; man könnte diesen Schlaf als eine welthistorische Notwendigkeit dartun. Aber dessen ungeachtet müßte die Erkenntnis dieses Schlafes, dieses Kulturschlafes, dennoch in positiver Weise wirken, das heißt, heute gewisse Erkenntnis- und Willensimpulse auslösen, die wirken sollen gegen die Zukunft hin.

Zwei Mysterien – wie gesagt, ich kann diese Dinge natürlich nur innerhalb gewisser Grenzen besprechen –, zwei Mysterien sind von ganz besonderer Bedeutung für die Entwickelung der Menschheit im Zeitraum der Bewußtseinsseele, in dem wir drinnenstehen seit dem Beginne des 15. Jahrhunderts. Es ist das Mysterium des Todes und das Mysterium des Bösen. Dieses Mysterium des Todes, das für die jetzige Zeit eben mit dem Mysterium des Bösen von einer gewissen Seite her zusammenhängt, das führt zunächst zum Aufwerfen der bedeutungsvollen Frage: Wie steht es überhaupt mit dem Tode in bezug auf die menschliche Entwickelung?

Ich habe neulich erst wiederum wiederholt: Das,

was sich gegenwärtig Wissenschaft nennt, macht es sich bequem in solchen Dingen. Tod ist Aufhören eines Lebens für die meisten Wissenschaftler. Von diesem Punkte aus ist der Tod anzuschauen bei der Pflanze, beim Tiere, beim Menschen. – Geisteswissenschaft hat es nicht so bequem, alles über einen Leisten zu schlagen. Denn sonst könnte man den Tod auch auffassen als Ende einer Taschenuhr, den Tod der Taschenuhr. Der Tod für den Menschen ist eben etwas ganz anderes als der sogenannte Tod anderer Wesen. Kennenlernen kann man nun dasjenige, was das Phänomen des Todes ist, nur dann, wenn man es gewissermaßen auf dem Hintergrunde jener Kräfte auffaßt, die im Weltenall tätig sind und die über den Menschen, indem sie auch den Menschen ergreifen, den physischen Tod bringen. Es walten im Weltenall gewisse Kräfte, gewisse Impulse; wären sie nicht vorhanden, so könnte der Mensch nicht sterben. Diese Kräfte walten im Weltenall, der Mensch gehört zum Weltenall; sie durchwalten auch den Menschen, und indem sie im Menschen tätig sind, bringen sie ihm den Tod. Nun muß man sich fragen: Diese Kräfte, die im Weltenall tätig sind, was bewirken sie außer dem, daß sie den Menschen den Tod bringen? – Es wäre ganz falsch, wenn man etwa denken würde, diese Kräfte, die dem Menschen den Tod bringen, die seien im Weltenall dazu da, daß sie den Menschen sterben machen, daß sie ihm den Tod bringen. Das ist nicht der Fall. Daß diese Kräfte den Menschen den Tod bringen, ist gewissermaßen nur eine Nebenwirkung, wirklich nur eine Nebenwirkung. Nicht wahr, es wird keinem Menschen einfallen, zu sagen, die Aufgabe der Lokomotive bei der Eisenbahn bestehe darin, nach und nach die Schienen kaputt zu machen. – Trotzdem tut das die Lokomotive, daß sie nach und nach die Schienen kaputt macht, und die Lokomotive kann nicht anders als die Schienen kaputt machen. Aber das ist jedenfalls nicht ihre Aufgabe; ihre Aufgabe ist etwas anderes. Und wenn einer definieren würde: Eine Lokomotive ist eine Maschine, welche die Aufgabe hat, die Schienen kaputt zu machen –, der würde natürlich einen Unsinn reden, trotzdem man nicht bestreiten kann, daß das Zerstören der Schienen durchaus mit dem Wesen der Lokomotive zusammenhängt. Ebensowenig denkt derjenige etwas Richtiges, der etwa sagen würde, die Kräfte im Weltenall, die den Menschen den Tod bringen, seien dazu da, um den Menschen den Tod zu bringen. Dieses ist nur eine Nebenwirkung, daß sie den Menschen den Tod bringen. Sie bewirken dies neben ihrer eigentlichen Aufgabe. Welches aber ist diese eigentliche Aufgabe der den Menschen den Tod bringenden Kräfte? Diese Aufgabe der den Menschen den Tod bringenden Kräfte ist gerade die, den Menschen zu begaben mit der vollen Fähigkeit der Bewußtseinsseele.

Sie sehen, wie innig das Mysterium des Todes gerade mit der Entwickelung des fünften nachatlantischen Zeitraums zusammenhängt, wie bedeutsam es ist, daß in diesem fünften nachatlantischen Zeitraum allgemein das Mysterium des Todes enthüllt werde. Denn es sind eben die Kräfte, die in ihrer Nebenwirkung dem Menschen den Tod bringen, die eigentlich dazu bestimmt sind, dem Menschen einzupflanzen, einzuimpfen in seinen Werdegang gerade die Fähigkeit, ich sage die Fähigkeit, nicht die Bewußtseinsseele, sondern die Fähigkeit der Bewußtseinsseele.

Das führt Sie nicht nur zur Erfassung des Todesmysteriums, sondern es führt Sie auch dahin, in wichtigen Dingen exakt zu denken. Das heutige Denken ist in vieler Beziehung – das ist wieder keine Kritik, sondern eine Charakteristik –, wenn ich mich des Ausdrucks bedienen darf, aber er ist treffend, eben einfach schlampig. Das heutige Denken insbesondere in der landläufigen Wissenschaft ist fast durchweg so, wie wenn man sagen würde, die Lokomotive hat die Aufgabe, die Schienen kaputt zu machen. Denn was in der heutigen Wissenschaft meistens gesagt wird über das eine oder das andere, das ist von dieser Qualität. Es ist von der Qualität, mit der man eben nicht auskommen wird, wenn man einen der Menschheit heilsamen Zustand für die Zukunft herbeiführen will. Und der kann ja im Zeitalter der Bewußtseinsseele nur in voller Bewußtheit herbeigeführt werden.

Man muß es immer wieder betonen, daß dies eine tiefe Zeitwahrheit ist. Man hört es ja immer wieder und wieder, daß da oder dort Leute auftauchen, welche aus einer scheinbar tiefbegründeten Weisheit heraus die einen oder die anderen sozialwirtschaftlichen

Vorschläge machen, immer aus dem Bewußtsein heraus, daß man heute noch sozialwirtschaftliche Vorschläge machen kann ohne die Zuhilfenahme der Geisteswissenschaft. Nur derjenige denkt heute zeitgemäß, der da weiß, daß alles, was versucht wird zu sagen über irgendeine soziale Konfiguration der Menschheit gegen die Zukunft hin, ohne die Grundlage der Geisteswissenschaft Quacksalberei ist. Nur der, der dieses voll erfaßt, der denkt zeitgemäß. Wer heute noch hört auf allerlei Professorenweisheiten aus der Sozial-Ökonomie, die auf dem Boden einer geistlosen Wissenschaft stehen, der verschläft seine Zeit.

Diese Kräfte, von denen man sprechen muß als den Kräften des Todes, sie haben das menschliche Leibeswesen schon früher erfaßt. Wie, das können Sie aus meiner «Geheimwissenschaft» entnehmen. In das seelische Wesen haben sie sich da erst hineingefunden. Der Mensch muß für den Rest der Erdenentwikkelung diese Kräfte des Todes in sein eigenes Wesen aufnehmen, und sie werden im Verlauf des gegenwärtigen Zeitraumes in ihm so wirken, daß er die Fähigkeit der Bewußtseinsseele in sich zum vollen Ausdruck, zur vollen Offenbarung bringt.

Indem ich so gefragt habe und so gesprochen habe über das Mysterium des Todes, das heißt über die Kräfte, die im Weltenall wirksam sind als den Menschen den Tod bringende Kräfte, kann ich auch in einer gleichen methodischen Weise hindeuten auf die Kräfte des Bösen. Auch diese Kräfte des Bösen, sie sind nicht solche, von denen man sagen kann, sie bewirken innerhalb der menschlichen Ordnung die bösen Handlungen. Das ist wiederum nur eine Nebenwirkung. Wenn es die Kräfte des Todes nicht gäbe im Weltenall, so würde der Mensch die Bewußtseinsseele nicht entwickeln können, er würde nicht entgegennehmen können in seiner weiteren Erdenentwikkelung, so wie er sie entgegennehmen soll, die Kräfte des Geistselbstes, des Lebensgeistes und des Geistesmenschen. Der Mensch muß durch die Bewußtseinsseele gehen, wenn er in seiner Art die Kräfte des Geistselbstes, des Lebensgeistes, des Geistesmenschen aufnehmen will. Dazu muß er die Kräfte des Todes im Laufe des fünften nachatlantischen Zeitraums, also bis in die Mitte des vierten Jahrtausends hinein, vollständig mit seinem eigenen Wesen verbinden. Das kann er. Aber er kann nicht in der gleichen Weise die Kräfte des Bösen mit seinem eigenen Wesen verbinden. Die Kräfte des Bösen sind im Weltenall, im Kosmos so geartet, daß der Mensch sie in seiner Entwickelung erst während der Jupiterperiode so aufnehmen kann, wie er jetzt die Kräfte des Todes aufnimmt. Man kann also sagen: Mit einer geringeren Intensität, bloß einen Teil seines Wesens ergreifend, wirken die Kräfte des Bösen auf den Menschen. – Will man eindringen in das Wesen dieser Kräfte des Bösen, dann darf man nicht auf die äußeren Folgen dieser Kräfte sehen, sondern dann muß man das Wesen des Bösen da aufsuchen, wo es in seiner eigenen Wesenheit vorhanden ist, wo es so wirkt, wie es wirken muß, weil die Kräfte, die als das Böse im Weltenall figurieren, auch in den Menschen hereinspielen. Und da beginnt eben das, was man nur mit einer tiefen Bewegung sagen kann, was man nur sagen kann, wenn man zugleich die Voraussetzung erhebt, daß diese Dinge wirklich mit dem allertiefsten Ernste aufgenommen werden. Wenn man das Böse im Menschen suchen will, so muß man es suchen nicht in den bösen Handlungen, die innerhalb der menschlichen Gesellschaft vollzogen werden, sondern man muß es suchen in den bösen Neigungen, in den Neigungen zum Bösen. Man muß zunächst ganz abstrahieren, ganz absehen von den Folgen dieser Neigungen, die bei dem einen Menschen mehr oder weniger eintreten, man muß den Blick hinrichten auf die bösen Neigungen. Und dann kann man fragen: Bei welchen Menschen wirken die bösen Neigungen innerhalb der fünften nachatlantischen Periode, in der wir drinnen stehen, jene Neigungen, die, wenn sie in ihrer Nebenwirkung zum Ausdrucke kommen, eben in den bösen Handlungen so anschaulich sich darleben, bei welchen Menschen wirken die bösen Neigungen?

Ja, die Antwort darauf bekommt man, wenn man versucht, über die sogenannte Schwelle des Hüters zu gehen und das menschliche Wesen wirklich kennenzulernen. Da ergibt sich die Antwort auf diese Frage. Und die Antwort lautet: Bei allen Menschen liegen im Unterbewußtsein seit dem Beginne der fünften nachatlantischen Periode die bösen Neigungen, die Neigungen zum Bösen. – Ja, gerade darinnen besteht das Eintreten des Menschen in die fünfte

nachatlantische Periode, in die neuzeitliche Kulturperiode, daß er in sich aufnimmt die Neigungen zum
Bösen. Radikal, aber sehr richtig gesprochen, kann
folgendes zum Ausdrucke gebracht werden: Derjenige, der die Schwelle zur geistigen Welt überschreitet,
der macht die folgende Erfahrung: Es gibt kein Ver-
brechen in der Welt, zu dem nicht jeder Mensch in
seinem Unterbewußtsein, insofern er ein Angehöri-
ger der fünften nachatlantischen Periode ist, die Neigung hat. Die Neigung hat; ob in dem einen oder in
dem anderen Fall die Neigung zum Bösen äußerlich
zu einer bösen Handlung führt, das hängt von ganz
anderen Verhältnissen ab als von dieser Neigung. Sie
sehen, bequeme Wahrheiten hat man nicht zu sagen,
wenn man heute eben ungeschminkt der Menschheit
die Wahrheit sagen muß.

Um so mehr taucht dann die Frage auf: Ja, was
wollen diese Kräfte, die im Menschen die bösen
Neigungen bewirken, was wollen diese Kräfte denn
eigentlich im Weltenall, indem sie zunächst in die
menschliche Wesenheit hineinträufeln, indem sie in
die menschliche Wesenheit hineinfließen? Was wollen diese Kräfte? – Sie sind wahrhaftig im Weltenall
nicht dazu da, um böse Handlungen in der menschlichen Gesellschaft herbeizuführen. Diese führen
jene Kräfte aus solchen Gründen herbei, die wir noch
besprechen wollen. Sie sind, ebensowenig wie die
Kräfte des Todes dazu da sind, den Menschen nur
sterben zu machen, im Weltenall nicht vorhanden,
diese Kräfte des Bösen, um den Menschen zu verbre-

cherischen Handlungen zu führen, sondern sie sind im Weltenall dazu vorhanden, um, wenn der Mensch aufgerufen ist zur Bewußtseinsseele, in ihm die Neigung hervorzurufen, das geistige Leben zu empfangen, wie wir es gestern zum Beispiel und schon das vorige Mal charakterisiert haben.

Im Weltenall walten diese Kräfte des Bösen. Der Mensch muß sie aufnehmen. Indem er sie aufnimmt, pflanzt er in sich den Keim, das spirituelle Leben überhaupt mit der Bewußtseinsseele zu erleben. Sie sind also wahrhaftig nicht da, diese Kräfte, die durch die menschliche soziale Ordnung verkehrt werden, sie sind wahrhaftig nicht da, um böse Handlungen hervorzurufen, sondern sie sind gerade dazu da, damit der Mensch auf der Stufe der Bewußtseinsseele zum geistigen Leben durchbrechen kann. Würde der Mensch nicht aufnehmen jene Neigungen zum Bösen, von denen ich eben gesprochen habe, so würde der Mensch nicht dazu kommen, aus seiner Bewußtseinsseele heraus den Impuls zu haben, den Geist, der von jetzt ab befruchten muß alles übrige Kulturelle, wenn es nicht tot sein will, den Geist aus dem Weltenall entgegenzunehmen. Und wir tun am besten, wenn wir zunächst einmal hinsehen auf das, was werden soll aus jenen Kräften, die uns in ihrer Karikatur entgegentreten in den bösen Handlungen der Menschen; wenn wir uns fragen, was unter dem Einfluß dieser Kräfte, die zu gleicher Zeit die Kräfte für die bösen Neigungen sind, in der Entwickelung der Menschheit geschehen soll.

Sehen Sie, wenn man von diesen Dingen spricht, dann muß man sehr nahe an den Nerv der Menschheitsentwickelung herangehen. Alle diese Dinge hängen ja zu gleicher Zeit mit den Verhängnissen zusammen, die in der Gegenwart die Menschheit getroffen haben. Denn die Verhängnisse, die in der Gegenwart die Menschheit getroffen haben und noch treffen werden, die sind ja nur ein Wetterleuchten für ganz andere Dinge, die über die Menschheit kommen sollen; ein Wetterleuchten, das heute oftmals das Gegenteil von dem zeigt, was da kommen soll. Nicht zum Pessimismus ist aus allen diesen Dingen heraus ein Anlaß, wohl aber zum tatkräftigen Impulse, zum Aufwachen. Nicht zum Pessimismus, sondern zum Aufwachen ist Anlaß vorhanden. Alle diese Dinge werden nicht gesagt, um Pessimismus zu erzeugen, sondern um Aufwachen zu bewirken.

Wenn wir von einer konkreten Erscheinung ausgehen, dann kommen wir vielleicht am besten zu unserem Ziel. Sehen Sie, ich habe schon gestern gesagt: Ein wesentlicher Impuls in der Entwickelung der Menschheit im Zeitalter der Bewußtseinsseele muß das Wachsen des Interesses von Mensch zu Mensch in der gestern geschilderten Weise sein. Das Interesse, das der eine Mensch an dem andern nimmt, das muß immer größer und größer werden. Dieses Interesse muß wachsen für den Rest der Erdenentwickelung, und es muß wachsen namentlich auf vier Gebieten, kann man sagen. Das erste Gebiet ist, daß der Mensch, indem er sich gegen die Zukunft hin entwickelt, in einer immer anderen und anderen Weise seine Mitmenschen sehen wird. Heute ist der Mensch, trotzdem er schon etwas mehr als ein Fünftel des Zeitalters der Bewußtseinsseele durchgemacht hat, noch wenig geneigt, seinen Mitmenschen so zu sehen, wie er ihn sehen lernen muß im Laufe des Zeitalters der Bewußtseinsseele, bis in das vierte Jahrtausend herein. Die Menschen sehen einander heute noch so, daß sie über das Allerwichtigste hinwegschauen, daß sie eigentlich keinen Blick für den anderen Menschen haben. In dieser Beziehung haben die Menschen noch nicht voll ausgenützt, was in den Seelen bisher durch die verschiedenen Inkarnationen heranerzogen ist durch die Kunst. An der Entwickelung der Kunst kann ja viel gelernt werden, und ich habe da oder dort manche Andeutung gemacht über dieses Lernen von der Entwickelung der Kunst. Es ist ja nicht zu leugnen, wenn man einigermaßen Symptomatologie treibt, wie ich es gefordert habe gerade in diesen Vorträgen, daß das künstlerische Schaffen und Genießen fast auf allen Zweigen des Künstlerischen in einem Verfall ist. Und was alles versucht worden ist gerade in den letzten Jahrzehnten auf künstlerischem Gebiete, muß jedem Empfindenden klar und deutlich zeigen, daß das Künstlerische als solches in einer Verfallsperiode drinnen ist. Das Wichtigste, was von dem Künstlerischen sich weiter fortpflanzen soll in die Entwickelung der Menschheit hinein, das ist dasjenige, was die Menschen an Erziehung für gewisse Auffassungsweisen der Zukunft aus dem Künstlerischen haben können.

Sehen Sie, alle Kunst hat etwas in sich – natürlich verästelt sich jeder Kulturzweig in der verschiedensten Weise, und er hat dann alle möglichen Nebenwirkungen –, aber alle Kunst hat etwas in sich, was geeignet ist, zu tieferer, konkreterer Menschenerkenntnis zu führen. Wer sich wirklich vertieft in die künstlerischen Formen, die zum Beispiel die Malerei, die Plastik schaffen, oder in das Wesen der inneren Bewegungen, die durch Musik und Dichtung pulsieren, wer sich da hinein vertieft, wer Kunst wirklich innerlich erlebt – das tun oftmals die Künstler selber nicht in der heutigen Zeit –, wer Kunst wirklich innerlich erlebt, der durchdringt sich mit etwas, was ihn befähigt, den Menschen nach einer gewissen Richtung, nach der Richtung der menschlichen Bildnatur aufzufassen. Denn das wird es sein, was in diesem Zeitalter der Bewußtseinsseele über die Menschheit kommen muß: den Menschen bildhaft auffassen zu können. Sie haben schon einiges gehört über die Elemente zu diesem bildhaften Auffassen. Sieht man hin auf den Menschen und sieht sein Haupt, so weist es einen zurück in die Vergangenheit. Wie der Traum aufgefaßt wird als eine Reminiszenz des äußeren sinnenfälligen Lebens und dadurch seine Signatur erhält, so wird für den, der die Dinge der Wirklichkeit durchschaut, alles äußere Sinnenfällige wiederum Bild eines Geistigen. Das geistige Urbild des Menschen müssen wir durchschauen lernen durch seine Bildnatur. Durchsichtig gewissermaßen wird gegen die Zukunft hin der Mensch dem Menschen werden. Wie das Haupt geformt ist, wie der Mensch geht, wird mit anderem innerem Anteil und mit anderem innerem Interesse geschaut werden, als es heute noch in den menschlichen Neigungen liegt. Denn man wird den Menschen nur dann seinem Ich nach glauben kennenzulernen, wenn man eine solche Auffassung von seiner Bildnatur hat, wenn man mit dem Grundgefühl vor den Menschen hintreten kann, daß sich dasjenige, was die äußeren physischen Augen vom Menschen sehen, zu des Menschen wahrer geistig-übersinnlicher Wirklichkeit verhält wie das Bild, das auf die Leinwand gemalt ist, zu der Wirklichkeit, die es wiedergibt. Dieses Grundgefühl muß sich ausbilden. Man muß dem Menschen nicht so entgegentreten – das muß man lernen –, daß man in ihm nur empfindet den Zusammenhang von Knochen, Muskeln, Blut und so weiter, sondern man muß den Menschen empfinden lernen als das Bild seines ewigen, geistig-übersinnlichen Wesens. Da geht der Mensch an uns vorüber, und wir würden nicht glauben ihn zu erkennen, wenn dasjenige, was an uns vorübergeht, in uns nicht den Hinblick auferweckte auf das, was er als ein ewiger, übersinnlich-geistiger Mensch ist. So wird man den Menschen sehen. Und man wird den Menschen so sehen können. Denn dasjenige, was man so sehen wird an dem Menschen, wenn man die menschlichen Formen und die menschlichen Bewegungen und alles, was damit zusammenhängt, als Bild des Ewigen erfassen wird, das wird einem warm oder kalt machen, das wird einem mit innerer Wärme oder mit innerer Kälte nach und nach erfüllen müssen, und man wird durch die Welt wandeln, indem man die Menschen sehr intim kennenlernt. Der eine wird einem warm, der andere wird einem kalt machen. Am schlimmsten werden die Leute daran sein, die einem weder warm noch kalt machen. Man wird ein innerliches Erlebnis haben im Wärmeäther, der einen durchdringt im Ätherleib. Das wird der Reflex sein des gesteigerten Interesses, das von Mensch zu Mensch entwickelt werden muß.

Ein zweites muß noch paradoxere Empfindungen in dem Menschen der Gegenwart hervorrufen, der ganz und gar keine Neigung hat, solche Dinge schon aufzunehmen, aber vielleicht wird sich gerade aus dieser Antipathie in nicht gar zu ferner Zeit die Sympathie für das Richtige stark entwickeln. Ein zweites ist: Die Menschen werden sich ganz anders verstehen. Vor allen Dingen werden die beiden Jahrtausende, die noch verfließen werden bis zum Ende dieses fünften nachatlantischen Zeitraums, dazu dienen. Allerdings werden die beiden Jahrtausende nicht ausreichen, es wird das, was ich jetzt sage, etwas länger dauern, es wird sich noch hineinerstrecken in den sechsten nachatlantischen Zeitraum; aber es wird sich dann zu jener Ich-Erkenntnis, von der ich eben gesprochen habe, noch eine besondere Fähigkeit entwickeln: am Menschen zu spüren, zu erfassen, indem wir ihm entgegentreten, seine Beziehung zu der dritten Hierarchie, seine Beziehung zu den Angeloi, Arangeloi und Archai. Und dies wird sich dadurch entwickeln, daß man immer mehr und mehr erkennen wird, wie die Menschheit in einer anderen Weise, als das gegenwärtig der Fall ist, sich zur Sprache verhalten wird. Die Sprachentwikkelung hat ja ihren Höhepunkt bereits überschritten. Das konnten Sie aus dem entnehmen, was ich gerade in den Vorträgen dieses Herbstes Ihnen vorgebracht habe. Die Sprachentwickelung hat ihren Höhepunkt überschritten. Die Sprache ist in Wirklichkeit schon etwas Abstraktes geworden. Und es geht gegenwärtig nur eine Welle tiefster Unwahrhaftigkeit über die ganze Erde hin, indem Ordnungen in der Menschheit angestrebt werden, die irgend etwas zu tun haben sollen mit den Sprachen der Völker, denn die Menschen haben nicht mehr das Verhältnis zur Sprache, das durch die Sprache hindurch auf den Menschen sieht, das durch die Sprache hindurchsieht auf das Wesen des Menschen.

Ich habe dasjenige, was so ein Ansatz sein kann, um zum Verständnis dieser Sache zu kommen, bei verschiedenen Anlässen aus einem Beispiel heraus angeführt. Ich habe es auch neulich im öffentlichen Vortrag in Zürich wiederum angeführt, weil es gut ist, diese Dinge heute auch schon vor ein öffentliches Publikum zu bringen. Aber hier habe ich ja schon darauf aufmerksam gemacht, wie überraschend es ist, wenn man Aufsätze über Geschichtsmethode von *Herman Grimm,* der so ganz in deutsch-mitteleuropäischer Bildung im 19. Jahrhundert drinnenstand, vergleicht mit Aufsätzen über Geschichtsmethode von *Woodrow Wilson.* Ich habe darauf aufmerksam gemacht, daß ich dieses Experiment sehr gewissenhaft durchgeführt habe, und daß die Möglichkeit vorhanden ist, daß man gewisse Sätze von Woodrow Wilson einfach herübernimmt und in Aufsätze von Herman Grimm hineinstellt, denn sie sind fast gleichlautend mit Sätzen in Aufsätzen von Herman Grimm. Und wiederum könnte man ganze Sätze über Geschichtsmethodologie von Herman Grimm hinübersetzen in dasjenige, was über Geschichtsmethodologie Woodrow Wilson gesprochen und dann hat drucken lassen. Und dennoch, es ist ein radikaler Unterschied zwischen beiden. Das merkt man, wenn man liest nicht dem Inhalte nach, denn der Inhalt als solcher, wortwörtlich genommen, wird immer weniger bedeutend sein für die Menschheit, insofern sie sich der Zukunft entgegenentwickelt. Bei Herman Grimm ist alles, selbst dasjenige, mit dem man nicht einverstanden sein kann, unmittelbar von ihm erkämpft, Satz für Satz, Stufe für Stufe erkämpft, bei Woodrow Wilson wie von seinem eigenen inneren Dämon, von dem er in seinem Unterbewußtsein besessen ist, herauf eingegeben in sein Bewußtsein. Auf diesen Ursprung kommt es an, auf die Entstehung unmittelbar an der Oberfläche des Bewußtseins in dem einen Fall und auf die Eingebungen eines Dämons aus dem Unterbewußtsein herauf in das Bewußtsein in dem anderen Fall. So daß man sagen muß: Dasjenige, was von Wilsons Seite kommt, ist aus einer gewissen Besessenheit heraus.

Diese Erkenntnis, ich führe sie als Beispiel an, um Ihnen zu zeigen, daß es heute nicht mehr ankommt auf das wortwörtliche Übereinstimmen. Ich empfinde es immer mit ungeheurer Wehmut, wenn mir Freunde unserer Sache von diesem oder jenem Pastor oder diesem oder jenem Professor Dinge bringen und sagen: Das klingt ja ganz anthroposophisch. – Sehen Sie einmal nach, wie anthroposophisch das klingt! In dem Kulturzeitalter, in dem wir heute stehen, kann selbst ein Professor, der politisiert, auch an einer wichtigen Stelle Dinge schreiben, die natürlich wortwörtlich übereinstimmen mit dem, was der Wirklichkeitserkenntnis der Zeit gemäß ist. Aber auf das Wortwörtliche kommt es nicht an, sondern darauf kommt es an, in welcher Region der Menschenseele die Dinge entspringen. Es kommt darauf an, durch die Sprache hindurchzusehen auf die Region, in der die Dinge entspringen. Alles, was hier gesagt wird, wird nicht bloß gesagt, um bestimmte Sätze zu formulieren, sondern auf das Wie kommt es an; darauf kommt es an, daß es durchströmt ist von jener Kraft, die unmittelbar aus dem Geiste heraus genommen ist. Und wer ein wortwörtliches Übereinstimmen nimmt, ohne zu fühlen, wie die Dinge aus dem Geistquell heraus sind und wie sie durchdrungen sind von diesem Geistquell dadurch, daß sie in den ganzen Zusammenhang der anthroposophischen Weltanschauung hineingestellt sind, wer auf dieses Wie nicht achten kann, der verkennt, was hier gemeint ist, wenn er die wortwörtliche Angabe mit jeder beliebigen äußeren Weisheit heute irgendwie identifizieren will.

Es ist ja natürlich nicht gerade bequem, auf solche Beispiele hinzuweisen, weil eben die menschlichen Neigungen heute vielfach nach dem Gegenteil gehen. Allein es ist ja schon einmal eine Verpflichtung, da, wo man im Ernste spricht, wo man durch das Sprechen nicht nur eine Art Beruhigungsmittel, eine Art gutes Kulturschlafmittel hervorrufen will, da ist es schon notwendig, daß man nicht zurückschreckt, auch solche Beispiele zu wählen, die heute so vielen Menschen unangenehm sind. Denn die Menschen, die im Ernste sprechen, sollten sich heute auch anhören können, was es im Grunde genommen für die Welt bedeutet, wenn sie nicht darauf achten, daß die Welt das Schicksal treffen soll, von einem schwachsinnigen amerikanischen Professor ihre Ordnung herrichten zu lassen! Bequem ist es ja heute nicht, über die Dinge der Wirklichkeit zu sprechen, weil manchen Leuten oftmals eben das Gegenteil bequem und angenehm ist. Man spricht ja ohnedies nur über die Dinge der Wirklichkeit auf denjenigen Gebieten, auf denen es unbedingt notwendig ist und auf denen es den Menschen schon recht naheliegt, wenigstens naheliegen sollte, die Dinge zu hören.

Durch die Sprache durchsehen, sage ich, das ist es, was über die Menschheit kommen muß. Da werden sich die Menschen aneignen müssen, in der Sprache die Gebärde zu erfassen. Und dieses Zeitalter wird nicht zu Ende gehen – das letzte wird ja allerdings in den nächsten Zeitraum hinüber dauern –, aber das dritte Jahrtausend wird nicht vorübergehen können, ohne daß die Menschen darauf kommen werden, nicht so dem Menschen zuzuhören, wenn einer zum andern spricht, wie sie jetzt zuhören; sondern sie werden in der Sprache den Ausdruck dargestellt finden für die Abhängigkeit des Menschen von der dritten Hierarchie, von Angeloi, Archangeloi und Archai, für dasjenige, durch das der Mensch ins Übersinnlich-Geistige hineinragt.

Das wird dazu führen, daß durch die Sprache hindurch die Seele des Menschen gehört wird. Das gibt natürlich ein ganz anderes soziales Zusammenleben, wenn durch die Sprache hindurch die Seele des Menschen gehört wird. Und gerade von dem, was die Kräfte des Bösen, des sogenannten Bösen sind, muß viel so umgewandelt werden, daß hingehorcht werden kann auf das, was der Mensch spricht, und daß durch die Sprache seine Seele gehört wird. Dann wird den Menschen überkommen, wenn aus der Sprache die Seele gehört wird, ein eigentümliches Farbengefühl, und in diesem Farbengefühl der Sprache werden sich die Menschen international verstehen lernen. Der eine Laut wird ganz selbstverständlich dieselbe Empfindung hervorrufen wie der Anblick der blauen Farbe oder einer blauen Fläche, der andere Laut wird dieselbe Empfindung hervorrufen wie der Anblick einer roten Farbe. Dasjenige, was man sonst nur als Wärme empfindet, wenn man den Menschen anschaut, wird gewissermaßen Farbe, wenn man dem Menschen zuhört. Und man wird intim miterleben müssen, was auf den Flügeln der Laute von Menschenmund zu Menschenohr tönt. Das kommt an die Menschheit heran.

Das dritte ist, daß die Menschen die Gefühlsäußerungen, die Gefühlskonfigurationen der anderen Menschen auch intim in sich erleben werden. Es wird viel durch das Sprechen dabei bewirkt werden. Aber nicht allein durch das Sprechen, sondern wenn ein Mensch dem andern entgegentreten wird, wird er in sich erleben die Gefühlskonfiguration des andern in seinem eigenen Atem. Das Atmen wird sich gegen die Zukunft der Erdenentwickelung hin in der Zeit, von der ich spreche, nach dem Gefühlsleben des anderen Menschen richten, dem wir gegenüberstehen. Der eine wird uns zu schnellerem, der andere zu langsamerem Atmen veranlassen, und wir werden fühlen, je nachdem wir schneller oder langsamer atmen, mit einem wie gearteten Menschen wir es zu tun haben. Denken Sie, wie sich die soziale Gemeinschaft zusammengliedern will, wie intim das menschliche Zusammenleben werden will! Diese Dinge werden allerdings noch länger dauern; daß dieses Atmen sich eingliedern wird in die Menschenseele, wird über den ganzen sechsten Zeitraum hinübergehen, noch in den siebenten hinein. Und im siebenten Zeitraum wird ein Stückchen von dem erreicht werden, was nun das vierte ist. Das ist: Die Menschen werden, indem sie wollend einer Menschheitsgemeinschaft angehören, einander – verzeihen Sie das harte Wort – verdauen müssen. Indem wir mit dem einen oder mit dem anderen Menschen das eine oder das andere werden wollen müssen oder wollen wollen, werden wir ähnliche innere Erlebnisse haben, wie wir sie heute erst primitiv haben, wenn wir die eine oder die andere Speise essen. Die Menschen werden einander verdauen müssen auf dem Gebiete des Wollens. Die Menschen werden einander atmen müssen auf dem Gebiete des Fühlens. Die Menschen werden einander farbig empfinden müssen auf dem Gebiete des Verstehens durch die Sprache. Die Menschen werden einander als Ich kennenlernen, indem sie sich wirklich anschauen lernen.

Aber alle diese Kräfte werden mehr innerlichseelisch sein. Denn daß sie sich voll ausbilden, diese Kräfte, dazu wird die Jupiter-, Venus- und Vulkanperiode da sein. Andeutungen von all dem, seelisch-geistige Andeutungen von all dem fordert aber schon die Erdenentwickelung von den Menschen. Und die gegenwärtige Zeit mit ihrer merkwürdigen katastrophalen Entwickelung ist ein Sträuben der Menschheit gegen dasjenige, was mit solchen Dingen kommen soll, wie ich sie jetzt besprochen habe. Die Menschheit bäumt sich auf, indem in der Zukunft überwunden werden soll alles soziale Sonderbestreben, bäumt sich heute dagegen auf, gerade indem der billige Grundsatz über die ganze Welt hin geschleudert wird, die Menschen sollen sich nach Nationen gruppieren. Was heute geschieht, das ist ein Aufbäumen gegen den gottgewollten Gang der Menschheitsentwickelung, das ist ein Sich-Zerren zum Gegenteil desjenigen, was doch kommen muß. In diese Dinge muß man hineinschauen, wenn man eine Grundlage gewinnen will für das sogenannte Mysterium des Bösen. Denn das Böse ist vielfach eine Nebenwirkung desjenigen, was in die Entwickelung der Menschheit hineingreifen muß. Eine Lokomotive, welche, wenn sie ziemlich weithin fahren soll, auf schlechte Schienen kommt, zerstört die Schienen, kommt selber zunächst nicht weiter. Die Menschheit ist in ihrer Entwickelung zu solchen Zielen hin, wie ich es Ihnen geschildert habe, und die Aufgabe des Bewußtseinszeitalters ist es, so etwas zu erkennen, daß die Menschheit bewußt solchen Zielen entgegenstreben muß. Allein es sind vorläufig recht schlechte Schienen gelegt, und es wird auch noch ziemlich lange dauern, bis bessere Schienen da sein werden, denn man schickt sich vielfach an, die schlechten Schienen durch keineswegs bessere zu ersetzen. ... (Der Schluß des Vortrages, der sich auf spezifisch schweizerische Verhältnisse bezieht, ist hier weggelassen.)

II.

DER DREIGLIEDRIGE MENSCH ALS SOZIALES UND ANTISOZIALES WESEN

Dornach, 6. Dezember 1918

Letzthin habe ich ausdrücklich betont, daß – wenn wir das Wort wiederum so nehmen, wie ich es damals angeführt habe – ein Paradieseszustand auf dem physischen Plane unmöglich ist, daß daher alle sogenannten Lösungen der sozialen Frage, welche mehr oder weniger bewußt oder unbewußt einen solchen Paradieseszustand auf dem physischen Plan herbeiführen wollen, der noch dazu ein dauernder sein soll – daß alle solche sogenannten Lösungen der sozialen Frage auf Illusionen beruhen müssen. In dem Lichte, das durch diese Angabe gegeben ist, bitte ich Sie, überhaupt alle Ausführungen, die ich mit Bezug auf Zeiterscheinungen der Gegenwart mache, aufzunehmen. Denn zweifellos liegt in der gegenwärtigen Wirklichkeit eine bestimmte Forderung, die man die Forderung nach einer sozialen Gestaltung der Menschheitsverhältnisse nennen kann. Es handelt sich nur darum, daß man diese Frage nicht verabstrahiert, daß man diese Frage nicht im absoluten Sinne nimmt, sondern –

wie ich das letztemal schon sagte –, daß man aus geisteswissenschaftlichen Erkenntnissen heraus sich Einsicht verschafft in dasjenige, was gerade für unsere Zeit notwendig ist. Über das, was aus geisteswissenschaftlichen Voraussetzungen gerade unserer Zeit notwendig ist, wollen wir nun noch einiges besprechen.

Was gewöhnlich heute eigentlich im weitesten Umfange übersehen wird, wenn von sozialer Frage oder sozialen Forderungen gesprochen wird, das ist, daß gemäß den Anforderungen unserer Zeit die soziale Frage ohne eine intimere Kenntnis des menschlichen Wesens überhaupt nicht angefaßt werden kann. Man kann ausdenken, welche sozialen Programme man will, man kann noch so ideale soziale Zustände herbeiführen wollen, alles das muß fruchtlos bleiben, wenn es nicht darauf ausgeht, den Menschen als solchen zu erfassen, wenn es nicht auf die intimere Erkenntnis des Menschen hinausläuft. Ich habe darauf aufmerksam gemacht, daß die soziale Gliederung, von der ich gesprochen habe, diese soziale Dreigliederung, die ich im eminentesten Sinne als eine Forderung unserer Zeit hinstellen mußte, gerade deshalb für die heutige Zeit gilt, weil sie auf die Erkenntnis des Menschen in jeder Einzelheit Rücksicht nimmt, auf eine Erkenntnis des Menschen, wie er jetzt im gegebenen Zeitpunkt der fünften nachatlantischen Zeit ist. Auch von diesem Gesichtspunkte aus bitte ich Sie, alle Auseinandersetzungen, die ich machen werde, zu betrachten.

Vor allen Dingen kommt in Frage, daß eine von den heutigen Verhältnissen geforderte soziale Ordnung nicht herzustellen ist, ohne daß man sich bewußt wird: Diese soziale Ordnung ist damit verknüpft, daß der Mensch selbst sich erkennt in seiner Beziehung zum Sozialen. Man kann sagen: Von allen Erkenntnissen ist doch Menschenerkenntnis ziemlich die schwerste, daher ist ja auch in den alten Mysterien das «Erkenne dich selbst» als das höchste Ziel des Weisheitsstrebens hingestellt worden. Was dem Menschen heute ganz besonders schwierig wird, ist die Einsicht in das, was in ihm alles aus dem Kosmos herein in Wirksamkeit ist, was in ihm alles wirkt. Der Mensch möchte sich selbst am liebsten so einfach als möglich vorstellen, weil er gerade heute in seinem Denken, in seinen Vorstellungen besonders bequem geworden ist. Aber der Mensch ist eben nicht ein einfaches Wesen. Gegen diese Wirklichkeit läßt sich eben nicht durch Willkür in Vorstellungen irgend etwas machen. Der Mensch ist vor allen Dingen auch in sozialer Beziehung kein einfaches Wesen. Er ist gerade in sozialer Beziehung ein Wesen, das er unendlich gern nicht sein möchte; er möchte unendlich gern anders sein, als er ist. Man kann sagen: Der Mensch hat sich ja eigentlich ungeheuer gerne. Das ist schon einmal nicht in Abrede zu stellen: Der Mensch hat sich selbst ungeheuer gerne. Und durch die Selbstliebe ist es, daß der Mensch Selbsterkenntnis zu einer Quelle von Illusionen macht. So möchte sich der Mensch nicht gestehen, daß er eigentlich nur zur Hälfte ein soziales Wesen ist, daß er zur anderen Hälfte ein antisoziales Wesen ist.

Dies sich trocken und energisch zu gestehen, daß der Mensch gleichzeitig ein soziales und ein antisoziales Wesen ist, das ist eine Grundforderung der sozialen Menschenerkenntnis. Man kann gut sagen: Ich strebe an, ein soziales Wesen zu werden; – man muß es auch sagen, weil, ohne daß man ein soziales Wesen ist, man überhaupt nicht mit Menschen richtig leben kann. Aber zugleich liegt es in der menschlichen Natur, fortwährend gegen das Soziale anzukämpfen, fortwährend ein antisoziales Wesen zu sein.

Wir haben den Menschen wiederholt für die verschiedensten Gesichtspunkte nach der Dreigliedrigkeit seiner Seele, nach Denken oder Vorstellen, Fühlen und Wollen betrachtet. Wir können einmal heute den Menschen in sozialer Beziehung wiederum nach Denken oder Vorstellen, Fühlen und Wollen betrachten. Vor allen Dingen muß man sich mit Bezug auf das Vorstellen, das Denken klar sein, daß in diesem Vorstellen, in diesem Denken ein unendlich bedeutungsvoller Quell des Antisozialen des Menschen liegt. Indem der Mensch einfach ein denkendes Wesen ist, ist er ein antisoziales Wesen. Hier kann nur Geisteswissenschaft zur Wahrheit kommen über die Dinge. Denn nur Geisteswissenschaft kann einiges Licht verbreiten über die Frage: Wie stehen wir dann überhaupt als Menschen in Beziehung zu anderen Menschen? Wann ist denn gewissermaßen das rechte

Verhältnis von Mensch zu Mensch für das gewöhnliche, alltägliche Bewußtsein, besser gesagt, für das gewöhnliche, alltägliche Leben hergestellt? Ja, sehen Sie, wenn dieses richtige Verhältnis hergestellt ist zwischen Mensch und Mensch, dann ist auch zweifellos die soziale Ordnung da. Aber nun liegt – man mag ja sagen: unglückseligerweise, aber der Erkennende sagt: notwendigerweise – die eigentümliche Tatsache vor, daß wir ein regelrechtes Verhältnis von Mensch zu Mensch nur im Schlafe entwickeln. Nur wenn wir schlafen, stellen wir ein ungeschminktes, richtiges Verhältnis von Mensch zu Mensch her. In dem Augenblicke, wo Sie das gewöhnliche Tagesbewußtsein abgelähmt haben, wo Sie in dem Zustande zwischen Einschlafen und Aufwachen im traumlosen Schlafe sind, da sind Sie – jetzt rede ich mit Bezug auf das Vorstellen, mit Bezug auf das Denken – ein soziales Wesen. In dem Augenblicke, wo Sie aufwachen, beginnen Sie durch das Vorstellen, durch das Denken antisoziale Impulse zu entwickeln. Man muß sich nur denken, wie kompliziert dadurch die menschlichen Gesellschaftsverhältnisse werden, daß eigentlich der Mensch nur im Schlafe zu dem andern Menschen sich richtig verhält. Ich habe das von anderen Gesichtspunkten aus verschiedentlich angedeutet. Ich habe zum Beispiel angedeutet, daß man gut chauvinistisch national sein kann im Wachen – wenn man im Schlafe ist, wird man gerade unter diejenigen Menschen versetzt, ist man mit denen zusammen, namentlich mit ihrem Volksgeist, die man im Wachen am allermeisten haßt. Dagegen läßt sich schon nichts machen. Der Schlaf ist ein sozialer Ausgleicher. Aber da die moderne Wissenschaft über den Schlaf überhaupt nichts wissen will, so wird sie in ihre sozialen Betrachtungen ja noch lange nicht einbeziehen, was ich eben jetzt gesagt habe.

Aber durch das Denken sind wir im wachen Zustande noch in eine andere antisoziale Strömung hineinversetzt. Nehmen Sie an, Sie stehen einem Menschen gegenüber. Man steht ja nur allen Menschen dadurch gegenüber, daß man dem einzelnen gegenübersteht. Sie sind ein denkender Mensch, natürlich, sonst wären Sie kein Mensch, wenn Sie nicht ein denkender Mensch wären. Ich rede jetzt nur vom Denken; vom Fühlen und Wollen werden wir nachher sprechen – vom Fühlen- und Wollen-Standpunkte aus kann man etwas einwenden, aber vom Vorstellungsstandpunkte aus ist das richtig, was ich jetzt sage. Indem Sie als ein vorstellender, denkender Mensch einem andern gegenüberstehen, liegt das Eigentümliche vor, daß einfach durch das gegenseitige Verhältnis, das sich zwischen Mensch und Mensch bildet, in Ihrem Unterbewußtsein das Bestreben vorhanden ist, durch den andern Menschen eingeschläfert zu werden. Sie werden geradezu durch den andern Menschen in Ihrem Unterbewußtsein eingeschläfert. Sehen Sie, das ist das normale Verhältnis von Mensch zu Mensch, daß, wenn wir miteinander zusammenkommen, der eine immer – das Verhältnis ist natürlich gegenseitig – bestrebt ist, das Unterbewußtsein des anderen einzuschläfern. Und was müssen Sie daher als denkender Mensch tun? Das Ganze, was ich jetzt erzähle, geht selbstverständlich im Unterbewußtsein vor sich, aber deshalb geht es nicht minder wirklich vor sich. Es ist eine Tatsache, wenn es auch nicht ins gewöhnliche Bewußtsein heraufkommt. Wenn Sie also einem Menschen gegenübertreten, schläfert er Sie ein, das heißt, Ihr Denken schläfert er ein, nicht Ihr Fühlen und Wollen. Jetzt müssen Sie, wenn Sie ein denkender Mensch bleiben wollen, sich innerlich dagegen wehren. Sie müssen Ihr Denken aktivieren. Sie müssen zur Abwehr übergehen gegen das Einschlafen. Das Einem-andern-Menschen-Gegenüberstehen bedeutet immer: sich erwachen machen, sich aufwecken, sich losmachen von dem, was er mit einem will.

Sehen Sie, solche Dinge gehen im Leben vor, und man begreift das Leben nur, wenn man es geisteswissenschaftlich betrachtet. Sprechen Sie mit einem Menschen, ja, seien Sie nur mit einem Menschen zusammen, so bedeutet das, daß Sie sich fortwährend wach erhalten müssen gegen sein Bestreben, Sie einzuschläfern in bezug auf Ihr Denken. Das kommt zwar nicht in das gewöhnliche Bewußtsein herauf, wirkt aber im Menschen als antisozialer Impuls. Gewissermaßen tritt uns jeder Mensch als ein Feind unseres Vorstellens, als ein Feind unseres Denkens entgegen. Wir müssen unser Denken schützen gegen den anderen. Das bedingt, daß wir in bezug auf das Vorstellen, auf das Denken in hohem Grade antisoziale Wesen sind und uns zu sozialen Wesen überhaupt nur erziehen können. Würden wir nicht durch Erziehung, durch Selbstzucht, durch die Notwendigkeit, in der wir leben, dieses fortwährende Abwehren des anderen Menschen treiben müssen, dann könnten wir durch unser Denken soziale Wesen sein. Aber weil wir es treiben müssen, müssen wir vor allen Dingen uns klar sein, daß wir soziale Wesen erst werden können, durch Selbstzucht werden können, daß wir es aber als denkende Menschen von Natur aus zunächst nicht sind.

Daraus ersehen Sie aber auch, daß ohne Eingehen auf das Seelische, auf die Tatsache, daß der Mensch ein denkendes Wesen ist, sich überhaupt über die soziale Frage nichts sagen läßt, denn die soziale Frage greift in große Intimitäten des Menschenlebens ein. Und wer nicht berücksichtigt, daß der Mensch, indem er denkt, einfach antisoziale Impulse entwickelt, der kommt zu keiner Aufklärung über die soziale Frage. Im Schlaf haben wir es eben leicht. Da sind wir ohnedies eingeschläfert. Da also kann sich die Brücke zu allen Menschen hinüberbauen. Im Wachen strebt der andere Mensch, indem er sich uns gegenüberstellt, uns einzuschläfern, damit die Brücke zu ihm gebaut werden kann – und ebenso wir ihm gegenüber. Aber wir müssen uns dagegen wehren, denn sonst würden wir einfach in unserem Verkehr mit Menschen um unser denkendes Bewußtsein gebracht.

Es ist also nicht so leicht, einfach soziale Forderun-

44

gen aufzustellen; denn die meisten Menschen, die soziale Forderungen aufstellen, werden sich dessen gar nicht bewußt, wie tief der Antisozialismus in der Menschennatur verankert ist. Und vor allen Dingen ist der Mensch nicht geneigt, sich so etwas als Selbsterkenntnis zu sagen. Es könnte ihm ja leicht werden, wenn er sich einfach gestehen würde, daß er nicht allein ein antisoziales Wesen ist, sondern daß er das mit allen anderen Menschen gemeinschaftlich hat. Aber so ein bißchen im geheimen hat doch jeder Mensch, selbst wenn er zugibt, daß im allgemeinen der Mensch ein antisoziales Wesen als Denker ist, für sich das Reservaturteil: Aber ich bin eine Ausnahme. Wenn er sich auch das nicht voll gesteht, aber im geheimen dämmert immer im Bewußtsein so ein bißchen das: Ich bin die Ausnahme, die andern sind solche antisozialen Wesen als Denker. Das wird ja den Menschen ganz besonders schwierig, im Ernste das zu nehmen, daß man als Mensch nicht etwas sein kann, sondern fortwährend etwas werden muß. Das ist aber etwas, was mit den Dingen, die man in unserer Zeit lernen kann, ganz besonders gründlich zusammenhängt.

Heute ist es ja möglich, was man vor fünf bis sechs Jahren noch gar nicht hat tun wollen, darauf hinzuweisen, daß gewisse Schäden und Mängel der Menschennatur über die ganze Erde hin gehen, denn sie haben sich zu sehr bloßgestellt, diese Schäden und Mängel. Die Menschen suchen sich hinwegzutäuschen über diese Notwendigkeit, etwas zu werden.

Sie versuchen vor allen Dingen auf das nicht hinzuweisen, was sie werden wollen, sondern auf das, was
sie sind. So wird man jetzt finden, daß sich eine große
Anzahl der Mitglieder der Entente und Amerikas mit
dem zufrieden gibt, was sie einfach dadurch sind, daß
sie Ententemitglieder oder Amerikaner sind. Sie
brauchen nichts zu werden, sie brauchen nur darauf
hinzuweisen, wie sie sich unterscheiden von den bösen Menschen der mitteleuropäischen Länder, wie
diese schwarz sind, während sie allein weiß sind. Das
ist etwas, was über weite Strecken der Erde eine
Menschenillusion verbreitet hat, die sich natürlich
mit der Zeit furchtbar rächen wird. Dieses etwas
Sein-Wollen und nicht Werden-Wollen, das ist etwas,
was man als Gegnerschaft gegen die Geisteswissenschaft im Hintergrunde hat. Denn Geisteswissenschaft kann nicht anders, als den Menschen darauf
verweisen, daß man fortwährend etwas werden muß,
daß man nicht irgend etwas durch dies oder jenes
fertig sein kann. Der Mensch täuscht sich in furcht-
barster Weise über sich selbst, wenn er glaubt, auf
etwas Absolutes hinweisen zu können, was bei ihm
irgendeine besondere Vollkommenheit bedingt. Alles, was nicht im Werden ist, bedingt beim Menschen
eine Unvollkommenheit und nicht eine Vollkommenheit. Und das, was ich Ihnen gesagt habe in bezug auf den Menschen als Denker und die dadurch
erzeugten antisozialen Impulse, das hat noch eine
andere wichtige Seite.

Sehen Sie, der Mensch schwebt gewissermaßen

zwischen Sozialem und Antisozialem so, wie er zwischen Wachen und Schlafen schwebt – man könnte auch sagen: das Schlafen ist sozial, das Wachen ist antisozial –, und wie er zu einem gesunden Leben zwischen Wachen und Schlafen schweben muß, so muß er schweben zwischen Sozialem und Antisozialem. Aber das ist es gerade, was für das Leben des Menschen außerordentlich stark in Betracht kommt. Denn dadurch kann der Mensch zu dem einen oder anderen mehr oder weniger hinneigen, wie man ja sogar mehr oder weniger zum Schlafen oder Wachen hinneigen kann. Es gibt Menschen, die über das Maß hinaus schlafen, die also in dem Pendelzustand, in dem der Mensch sein muß zwischen Schlafen und Wachen, sich eben nach der einen Seite der Waage hinkehren. So kann auch der Mensch mehr die sozialen oder mehr die antisozialen Impulse in sich pflegen. Dadurch sind die Menschen individuell verschieden, daß der eine mehr die sozialen, der andere mehr die antisozialen Impulse pflegt. Man kann, wenn man einigermaßen Menschenkenntnis hat, danach die Menschen gut unterscheiden. Sie teilen sich genau in diese zwei Klassen. Die einen sind mehr dem sozialen, die anderen mehr dem antisozialen Wesen zugeneigt.

Nun sagte ich: Es hat das noch eine andere Seite, denn das Antisoziale hängt damit zusammen, daß wir uns gewissermaßen selber schützen vor dem Eingeschläfertwerden. Aber damit ist etwas anderes in Verbindung. Es macht uns dieses krank. Wenn auch nicht sehr wahrnehmbare – manchmal aber auch sehr wahrnehmbare – Krankheiten daraus entstehen: zu den Krankheitsursachen gehört das antisoziale Wesen. So daß es Ihnen leicht begreiflich sein wird, daß das soziale Wesen zugleich etwas Gesundendes, etwas Belebendes hat. Sie sehen aber daraus, wie merkwürdig die menschliche Natur beschaffen ist. Der Mensch kann sich nicht gesundmachen durch das soziale Wesen, ohne sich gewissermaßen einzuschläfern. Indem er sich herausreißt aus dem sozialen Wesen, stärkt er sein denkendes Bewußtsein, wird aber antisozial. Damit lähmt er aber auch die gesundenden Kräfte ab, die in seinem Unterbewußten, in seinem Organismus sind. So spielt bis in die gesunde und kranke Lebensverfassung hinein dasjenige, was als soziale und antisoziale Impulse im Menschen vorhanden ist. Wer nach dieser Richtung Menschenkenntnis entwickelt, der wird eine große Anzahl von mehr oder weniger wirklichen Krankheiten zurückführen können auf das antisoziale Wesen des Menschen. Mehr als man glaubt, hängt mit dem antisozialen Wesen des Menschen Kranksein zusammen, namentlich diejenigen Krankheiten, die ja oft recht wirkliche Krankheiten sind, die sich aber in so etwas äußern wie in «Mucken», in allerlei Selbstquälereien und im Quälen von anderen, im «Komischsein», in der Sucht, dies oder jenes «auszufressen». Das alles hängt zusammen mit ungesunder organischer Konstitution, entwickelt sich aber allmählich, wenn man stark zu antisozialen Impulsen hinneigt.

Überhaupt sollte man sich ganz klar darüber sein, daß hier ein sehr wichtiges Lebensgeheimnis verborgen ist. Dieses Lebensgeheimnis, das sowohl für den Erzieher wie für die menschliche Selbsterziehung außerordentlich wichtig ist, lebendig zu kennen, nicht bloß in der Theorie, das bedeutet, daß man auch den Trieb erhält, sein eigenes Leben stark in die Hand zu nehmen, über das Überwinden des Antisozialen nachzudenken, es nachzufühlen, um darüber hinauszukommen. Manche Menschen würden sich nicht nur von ihren Mucken, sondern auch von allerlei Kränklichkeiten gesund machen, wenn sie ihre antisozialen Impulse in sich untersuchen würden. Das muß man aber ernsthaftig tun. Das muß man ohne Selbstliebe tun, denn das ist für das Leben von ungeheurer Wichtigkeit. – Das sei zunächst gesagt über das Soziale und Antisoziale im Menschen mit Bezug auf das Vorstellen oder Denken.

Nun ist der Mensch außerdem ein fühlendes Wesen, und mit dem Fühlen ist es nun wiederum eine eigentümliche Sache. Auch mit Bezug auf das Fühlen ist der Mensch nicht so einfach, als er es sich gerne vorstellen möchte. Das Fühlen von Mensch zu Mensch hat nämlich eine paradoxe Eigentümlichkeit. Das Fühlen hat die Eigentümlichkeit, daß es zunächst geneigt ist, uns eine gefälschte Empfindung von dem anderen Menschen zu geben. Die erste Neigung im Unterbewußtsein des Menschen im Verkehr von Mensch zu Mensch besteht immer darin, daß uns von dem anderen Menschen im Unterbewußtsein eine gefälschte Empfindung auftaucht, und wir müssen im Leben immer erst diese gefälschte Empfindung bekämpfen. Der Lebenskenner wird sehr leicht bemerken, daß Menschen, die nicht geneigt sind, interessevoll auf andere Menschen einzugehen, eigentlich fast über alle Menschen schimpfen, wenigstens nach einiger Zeit. Das ist ja eine Eigentümlichkeit einer großen Anzahl von Menschen. Man liebt den einen oder den anderen Menschen eine Zeitlang; aber wenn diese Zeit vergangen ist, dann regt sich so etwas in der menschlichen Natur, und man fängt an, auf den anderen irgendwie zu schimpfen, irgend etwas gegen ihn zu haben. Man weiß oftmals selbst nicht, was man gegen ihn hat, denn diese Dinge spielen sich ja sehr im Unterbewußtsein ab. Das rührt einfach davon her, daß das Unterbewußtsein die Tendenz hat, das Bild, das wir uns von dem anderen Menschen machen, eigentlich zu verfälschen. Wir müssen den anderen Menschen erst genauer kennenlernen, dann werden wir sehen, daß wir in dem Bilde, das wir zunächst gewonnen haben, Fälschungen ausradieren müssen. So paradox das klingt, es würde eine gute Lebensmaxime sein – wenn auch Ausnahmen dabei in Betracht kommen –, wenn wir uns immer vornehmen würden, das Bild des Menschen, das sich uns im Unterbewußtsein fixiert, zu korrigieren, unter allen Umständen irgendwie zu korrigieren. Denn dieses Unterbewußte, das hat die Tendenz, nach Sympathien und Antipathien die Menschen zu beurteilen. Das Leben fordert uns ja selbst dazu auf. So wie das

Leben uns dazu auffordert, einfach denkender Mensch zu sein und wir dadurch antisozial sind, so fordert uns das Leben auf – die Dinge, die ich sage, sind einfach Tatsachen –, nach Sympathien und Antipathien zu urteilen. Jedes Urteil aber, das nach Sympathien und Antipathien gefällt ist, ist gefälscht. Es gibt kein wahres, kein richtiges Urteil, wenn es nach Sympathien und Antipathien gefällt ist. Und deshalb, weil immer das Unterbewußte im Fühlen nach Sympathie und Antipathie geht, entwirft es immer ein gefälschtes Bild des Nebenmenschen. Wir können gar nicht in unserem Unterbewußten ein richtiges Bild des Nebenmenschen haben. Gewiß, wir haben manchmal auch ein zu gutes, aber es ist immer nach Sympathien und Antipathien gebildet, und es bleibt nichts anderes übrig, als sich eine solche Tatsache einfach zu gestehen, sich zu gestehen, daß man auch da als Mensch nicht etwas sein kann, sondern etwas werden soll. Man muß sich sagen, daß man namentlich mit Bezug auf den Gefühlsverkehr mit anderen Menschen ein erwartendes Leben führen muß. Man darf nicht auf das Bild gehen, das sich einem zunächst von dem Menschen aus dem Unterbewußten in das Bewußtsein heraufdrängt, sondern man muß versuchen, mit Menschen zu leben. Man wird sehen, wenn man versucht, mit den Menschen zu leben, daß sich aus der antisozialen Stimmung, die man eigentlich immer zunächst hat, die soziale Stimmung herausentwickelt.

So ist es von ganz besonderer Wichtigkeit, das

Gefühlsleben des Menschen zu studieren, insofern es antisozial ist. Während das Denkerleben deshalb antisozial ist, weil der Mensch sich schützen muß vor dem Einschlafen, ist das Gefühlsleben antisozial, weil der Mensch dadurch, daß er nach Sympathie und Antipathie seinen Verkehr zu Menschen einrichtet, von vornherein der Gesellschaft falsche Gefühlsströmungen einimpft. Dasjenige, was von Menschen durch Sympathien und Antipathien kommt, ist von vornherein so, daß es antisoziale Lebensströmungen in die menschliche Gesellschaft hineinwirft. Man kann sagen, so paradox das klingt, eine soziale Gesellschaft wäre eigentlich nur möglich, wenn die Menschen nicht in Sympathien und Antipathien lebten. Dann wären sie aber keine Menschen. Daraus geht Ihnen wiederum hervor, daß der Mensch zugleich ein soziales und antisoziales Wesen ist, daß also das, was man «soziale Frage» nennt, auf die Intimitäten der menschlichen Wesenheit eingehen muß. Wenn man darauf nicht eingeht, so wird man niemals zu einer Lösung der sozialen Frage für irgendeine Zeit kommen.

Mit Bezug auf das Wollen, das sich von Mensch zu Mensch abspielt, da zeigt es sich ganz besonders auffällig und paradox, was für ein kompliziertes Wesen der Mensch ist. Sie wissen ja, mit Bezug auf das Wollen zwischen Mensch und Mensch spielen nicht nur Sympathien und Antipathien eine Rolle – die spielen ja eine Rolle, insofern wir fühlende Wesen sind –, sondern da spielen Neigungen und Abneigungen, die in Aktion übergehen, also Sympathien und Antipathien in Aktion, in ihrer Äußerung, in ihrer Offenbarung eine ganz besondere Rolle. Der Mensch verhält sich zu dem andern Menschen so, wie es ihm seine besondere Sympathie zu diesem Menschen, der besondere Grad von Liebe, den er ihm entgegenbringt, eingibt. Da spielt eine unterbewußte Inspiration eine merkwürdige Rolle. Denn dasjenige, was ja ausgegossen ist über allen Willensverkehr von Mensch zu Mensch, müssen wir in dem Lichte des Impulses betrachten, dem dieser Willensverkehr unterliegt, in dem Lichte der mehr oder weniger vorhandenen Liebe, die zwischen den Menschen spielt. Von dieser Liebe, die zwischen den Menschen spielt, lassen ja die Menschen ihre Willensimpulse getragen sein, die so hinüberspielen von Mensch zu Mensch.

Mit Bezug auf die Liebe unterliegt der Mensch im allereminentesten Sinne einer großen Täuschung und bedarf noch mehr der Korrektur als mit Bezug auf die gewöhnlichen Gefühlssympathien und -antipathien. Denn, so sonderbar das klingt für das gewöhnliche Bewußtsein, es ist durchaus wahr, daß die Liebe, die sich von einem Menschen zum anderen geltend macht, wenn sie nicht vergeistigt ist – im gewöhnlichen Leben ist ja die Liebe nur im seltensten Maße vergeistigt, und ich rede jetzt nicht etwa bloß von geschlechtlicher oder auf geschlechtlicher Unterlage ruhender Liebe, sondern überhaupt von der Liebe von Mensch zu Mensch –, daß diese nichtvergeistigte Liebe eigentlich nicht die Liebe als solche, sondern das Bild ist, das man sich von ihr macht, daß sie zumeist nichts weiter ist als eine furchtbare Illusion. Denn die Liebe, die ein Mensch zum andern zu entwickeln glaubt, ist – so wie die Menschen einmal sind im Leben – zumeist nichts anderes als Selbstliebe. Der Mensch glaubt, den andern zu lieben, liebt sich aber eigentlich in der Liebe nur selbst. Sie sehen hier einen Quell von antisozialem Wesen, der noch dazu die Quelle einer furchtbaren Selbsttäuschung sein muß. Man kann nämlich in überströmender Liebe zu einem Menschen aufzugehen meinen, aber man liebt nicht in Wirklichkeit diesen anderen Menschen, sondern man liebt das Verbundensein mit dem anderen Menschen in der eigenen Seele. Was man da als Beseligung in der eigenen Seele empfindet am andern Menschen, was man in sich empfindet dadurch, daß man mit dem andern Menschen zusammen ist, daß man dem andern Menschen meinetwillen Liebeserklärungen macht, das ist es, was man eigentlich liebt. Man liebt im ganzen sich selber, indem man diese Selbstliebe in dem Verkehre mit dem andern entzündet.

Dies ist ein wichtiges Lebensgeheimnis. Das ist von ganz immenser Wichtigkeit. Denn in der Täuschung über diese Liebe, von der man glaubt, daß sie Liebe sei, die aber eigentlich nur Selbstliebe, Selbstsucht, Egoismus, maskierter Egoismus ist – und die weitaus meiste Liebe, die von Mensch zu Mensch spielt und Liebe genannt wird, ist nur maskierter Egoismus –, in dieser Täuschung ist die Quelle der denkbar größten und weitesten antisozialen Impulse. Durch diese Selbstliebe, die sich in Liebe maskiert, wird der Mensch im eminentesten Sinne zu einem antisozialen Wesen. Der Mensch ist ja dadurch eben ein antisoziales Wesen, daß er sich in sich vergräbt. Und er vergräbt sich am allermeisten in sich, wenn er von diesem In-sich-vergraben-Sein nichts weiß oder nichts wissen will.

Sie sehen, daß derjenige, der insbesondere der heutigen Menschheit gegenüber von sozialen Forderungen spricht, auf solche Seelenzustände in hervorragendem Maße Rücksicht nehmen muß. Man muß einfach sagen: Wie sollen die Menschen zu irgendeiner sozialen Struktur ihres Zusammenlebens kommen, wenn sie sich nicht aufklären wollen, wieviel Selbstsucht in der sogenannten Liebe, in der Nächstenliebe zum Beispiel verkörpert ist. So kann die Liebe gerade ein ungeheuer starker Impuls zum antisozialen Leben sein. Man kann sagen: So wie der Mensch ist, wenn er nicht an sich arbeitet, wenn er sich nicht durch Selbstzucht in die Hand nimmt, so ist er als liebendes Wesen unter allen Umständen ein antisoziales Wesen. Die Liebe als solche, wie sie an der menschlichen Natur haftet, ohne daß der Mensch Selbstzucht übt, ist von vornherein antisozial, denn sie ist ausschließend. Das ist wiederum keine Kritik. Viele Erfordernisse des Lebens hängen damit zusammen, daß die Liebe ausschließend sein muß. Selbstverständlich wird der Vater seinen eigenen Sohn mehr lieben als ein fremdes Kind; aber das ist antisozial. Es läßt sich gar nicht leugnen, daß Antisoziales ins Leben durch das Leben selbst hineinspielt. Und sagt man: Der Mensch ist ein soziales Wesen – wie es heute geradezu Mode geworden ist –, so ist das Unsinn, denn der Mensch ist ebenso stark ein antisoziales Wesen, wie er ein soziales Wesen ist. Das Leben selber macht den Menschen zu einem antisozialen Wesen. Deshalb denken Sie sich einmal einen solchen Paradieseszustand auf Erden durchgeführt, wie es ihn gar nicht geben kann, aber wie er angestrebt wird, weil die Menschen ja immer das Unwirkliche viel mehr lieben als das Wirkliche – denken wir uns, ein solcher Paradieseszustand würde hergestellt, meinetwillen sogar ein solcher Überparadieseszustand, wie ihn *Lenin, Trotzki, Kurt Eisner* und andere auf der Erde haben wollen. Sehr bald schon würden sich unzählige Menschen dagegen auflehnen müssen, weil sie dabei nicht Menschen bleiben können, weil in einem solchen Zustande eben nur die sozialen Triebe Befriedigung finden würden, sich aber die antisozialen Triebe sogleich regen würden. Das ist ebenso notwendig, wie ein Pendel nicht bloß nach der einen Seite ausschlägt. In dem Augenblicke, wo Sie einen Paradieseszustand herstellen, müssen sich die antisozialen Triebe regen. Wenn das sich verwirklichte, was Lenin und Trotzki und Kurt Eisner wollen und von dem sie sich vorstellen, es sei ein Paradieseszustand, es müßte sich in kürzester Zeit durch die antisozialen Triebe in sein Gegenteil verkehren. Denn das ist eben das Leben, daß es zwischen Ebbe und Flut hin und her geht. Und wenn man das nicht verstehen will, so versteht man überhaupt nichts von der Welt. Man hört ja oft: Das Ideal eines staatlichen Zusammenlebens ist die Demokratie. – Gut, nehmen wir also an, das Ideal eines staatlichen Zusammenlebens sei die Demokratie. Aber wenn man diese Demokratie irgendwo einführen wollte, so würde sie notwendigerweise in ihrer letzten Phase zu ihrer eignen Aufhebung führen. Die Demokratie strebt notwendigerweise danach, wenn die Demokraten beisammen sind, daß immer einer den andern überwältigen will, immer will einer recht haben gegenüber dem andern. Das ist ganz selbstverständlich. Sie strebt nach ihrer eigenen Auflösung. Führen Sie also irgendwo die Demokratie ein, so können Sie das in Gedanken schön ausmalen. Aber in die Wirklichkeit übergeführt, führt die Demokratie ebenso zum Gegenteil der Demokratie, wie das Pendel nach der entgegengesetzten Seite ausschlägt. Das geht gar nicht anders im Leben. Demokratien werden immer nach einiger Zeit sterben an ihrer eigenen demokratischen Natur. Das sind die Dinge, die zum Verständnis des Lebens ungeheuer notwendig sind.

Nun liegt noch dazu das Eigentümliche vor, daß gerade die zunächst wesentlichsten Eigenschaften des Menschen im fünften nachatlantischen Zeitraum antisoziale Eigenschaften sind. Denn das Bewußtsein, das gerade auf das Denken gebaut ist, soll sich in diesem Zeitraum entwickeln. Daher wird dieser Zeitraum gerade am stärksten die antisozialen Impulse durch die Natur des Menschen herauskehren. Die Menschen werden durch diese antisozialen Impulse mehr oder weniger unleidige Zustände hervorrufen, und es wird immer die Reaktion gegen den Antisozialismus wiederum in dem Schreien nach Sozialismus sich geltend machen. Das muß man nur verstehen, daß Ebbe und Flut eben immer wechseln müssen. Denn, nehmen Sie an, Sie sozialisieren wirklich die Gesellschaft, da würden schließlich solche Zustände von Mensch zu Mensch herbeigeführt, daß wir im Verkehr miteinander immer schlafen würden. Der Menschenverkehr wäre ein Einschläferungsmittel. Sie können sich das heute schwer vorstellen, weil Sie überhaupt nicht konkret ausdenken werden, wie es ausschauen würde in einer sogenannten sozialistischen Republik. Aber diese sozialistische Republik wäre tatsächlich eine große Schlafstätte für das menschliche Vorstellungsvermögen. Man kann begreifen, daß Sehnsuchten vorhanden sind nach so etwas. Es sind ja bei sehr vielen Menschen auch Sehnsuchten nach dem Schlafen fortwährend vorhanden. Aber man muß eben verstehen, was innere Notwendigkeiten des Lebens sind, und muß sich nicht damit begnügen, bloß dasjenige zu wollen, was einem paßt oder was einem gefällt; denn in der Regel gefällt einem das, was man nicht hat. Dasjenige, was man hat, weiß man meistens nicht zu schätzen.

Sie sehen aus diesen Ausführungen, daß, wenn man über die soziale Frage spricht, man vor allen Dingen intim auf das Wesen des Menschen eingehen muß und daß man dieses Wesen des Menschen so kennenlernen muß, daß man weiß, wie im Menschen realisiert sind soziale und antisoziale Triebe. Im Leben verschlingen sich die sozialen und antisozialen Triebe in einer oftmals knäuelförmigen, unentwirrbaren Weise. Deshalb ist es so schwierig, über die soziale Frage zu sprechen. Die soziale Frage kann kaum anders besprochen werden, als wenn man die Neigung hat, wirklich auf die intime Natur des Menschen einzugehen, darauf einzugehen, wie zum Beispiel die Bourgeoisie an sich ein Träger antisozialer Impulse ist. Einfach das Bourgeois-Sein entwickelt antisoziale Impulse, weil das Bourgeois-Sein im wesentlichen darin besteht, sich eine solche Sphäre des Lebens zu schaffen, wie es einem paßt, so daß man in ihr beruhigt sein kann. Wenn man dieses eigentümliche Streben des Bourgeois untersucht, so besteht es darin, daß er sich nach den Eigentümlichkeiten unseres gegenwärtigen Zeitraumes auf ökonomischer Grundlage eine Lebensinsel schaffen will, auf welcher er mit Bezug auf alle Verhältnisse schlafen kann, mit Ausnahme irgendeiner besonderen Lebensgewohnheit, die er je nach seinen subjektiven Antipathien oder Sympathien entwickelt. Also der Bourgeois, er kann dadurch sehr viel schlafen. Er strebt daher nicht nach jenem Schlaf, nach dem der Proletarier strebt, der immerfort wachgehalten wird, weil sein Bewußtsein nicht auf ökonomischer Grundlage eingeschläfert wird; der sehnt sich daher nach dem Schlafe der sozialen Ordnung. Das ist schon ein sehr wichtiges psychologisches Aperçu. Besitz schläfert ein; Notwendigkeit, im Leben zu kämpfen, weckt auf. Die Einschläferung durch den Besitz läßt einen antisoziale Impulse entwickeln, weil man sich nicht sehnt nach dem sozialen Schlafe. Das fortwährende Aufgefordertwerden durch die Erwerbsnotwendigkeit läßt Sehnsucht nach dem Einschlafen im sozialen Zusammenhange entstehen.

Diese Dinge müssen durchaus in Betracht gezogen werden, sonst versteht man die Gegenwart absolut nicht. Nun kann man sagen: Trotz alledem strebt in einer gewissen Weise unser fünfter nachatlantischer Zeitraum nach Sozialisierung in der Form, wie ich es Ihnen neulich hier auseinandergesetzt habe. Denn diese Dinge, die ich angegeben habe, werden kommen: entweder, wenn sich die Menschen dazu bequemen, durch menschliche Vernunft, oder, wenn sie sich nicht dazu bequemen, durch Kataklysmen, durch Revolutionen. Diese Dreigliederung strebt der Mensch an im fünften nachatlantischen Zeitraum, diese Dreigliederung muß kommen. Nach einer gewissen Sozialisierung strebt also unser Zeitraum.

Aber diese Sozialisierung ist nicht möglich – das wird Ihnen aus mancherlei Betrachtungen, die wir hier auch schon angestellt haben, hervorgehen –, ohne daß ein anderes sie begleitet. Sozialisierung kann sich nur beziehen auf die äußere Gesellschaftsstruktur. Die kann aber in unserem fünften nachatlantischen Zeitraum eigentlich nur in einer Bändigung des denkerischen Bewußtseins bestehen, in einer Bändigung der antisozialen menschlichen Instinkte. Es muß also durch die soziale Struktur gewissermaßen eine Bändigung der antisozialen Vorstellungsinstinkte geschehen. Das muß eine Widerlage haben, das muß durch irgend etwas ins Gleichgewicht gebracht werden. Ins Gleichgewicht aber kann das nur gebracht werden dadurch, daß alles, was aus früheren Zeiträumen – in denen es berechtigt war – an Knechtung der Gedanken, an Überwältigung der Gedanken eines Menschen durch den anderen stammt, daß das mit der zunehmenden Sozialisierung aus der Welt geschafft wird. Daher muß die Freiheit des Geisteslebens neben der Organisierung der wirtschaftlichen Verhältnisse, der ökonomischen Verhältnisse, in der Zukunft stattfinden. Diese Freiheit des Geisteslebens allein macht möglich, daß wir wirklich von Mensch zu Mensch so stehen, daß wir in dem andern den Menschen sehen, der vor uns steht, nicht den Menschen im allgemeinen. Ein Woodrow Wilsonsches Programm redet vom Menschen im allgemeinen. Aber diesen Menschen im allgemeinen, diesen abstrakten Menschen gibt es nicht. Was es gibt, ist immer nur der einzelne, individuelle Mensch. Für den können wir uns nur wiederum als ganze Menschen, nicht durch das bloße Denken interessieren. Wir löschen das, was wir von Mensch zu Mensch entwickeln sollen, aus, wenn wir wilsonisieren, wenn wir ein abstraktes Bild des Menschen entwerfen. Das Wesentliche, worauf es ankommt, ist, daß zur Sozialisierung in der Zukunft die absolute Freiheit der

Gedanken tritt; Sozialisierung ist nicht denkbar ohne Gedankenfreiheit. Daher wird die Sozialisierung verknüpft sein müssen mit der Ausmerzung aller Gedankenknechtschaft – sei diese Gedankenknechtschaft kultiviert durch das, was gewisse Gesellschaften der englisch sprechenden Bevölkerung treiben, die ich Ihnen hinlänglich charakterisiert habe, oder durch den römischen Katholizismus. Beide sind einander wert, und es ist außerordentlich wichtig, daß man die innere Verwandtschaft dieser beiden ins Auge faßt. Es ist außerordentlich wichtig, daß besonders in bezug auf solche Dinge heute keine Unklarheit herrscht. Sie können das, was ich Ihnen vorgebracht habe über die Eigentümlichkeit jener Geheimgesellschaften der englisch sprechenden Bevölkerung, heute einem Jesuiten erzählen. Er wird sehr erfreut sein, daß er eine Bestätigung dessen, was er vertritt, bekommt; aber Sie müssen sich klar sein, wenn Sie auf dem Boden der Geisteswissenschaft stehen wollen, daß Sie Ihre Ablehnung dieser Geheimgesellschaften nicht mit der Ablehnung, die von Jesuiten kommt, verwechseln dürfen. Es ist merkwürdig, daß man auf diesem Gebiete heute noch zu wenig Unterscheidungsvermögen an den Tag legt.

Ich habe neulich einmal auch in öffentlichen Vorträgen darauf aufmerksam gemacht, daß es heute nicht nur darauf ankommt, was einer sagt, sondern daß man immer darauf achte, von welchem Geist dasjenige durchdrungen ist, was gesagt wird. Ich habe das Beispiel angeführt von den gleichlautenden

Sätzen bei Woodrow Wilson und bei *Herman Grimm*. Ich sage das deshalb, weil Sie es jetzt in immer stärkerem Maße werden erleben können, daß zum Beispiel von jener Seite scheinbar ebenso aufgetreten wird gegen jene englisch-amerikanischen Geheimgesellschaften – aber eben nur scheinbar –, wie hier aufgetreten werden mußte. Allein so etwas, wie es zum Beispiel jetzt im Dezemberheft der «Stimmen der Zeit» steht, das macht auf einen Menschen, der auf das Sachliche sieht, einen fratzenhaft komischen Eindruck. Denn selbstverständlich ist dasjenige, was bekämpft werden muß an den englisch-amerikanischen Geheimgesellschaften, genau dasselbe, was bekämpft werden muß am Jesuitismus. Die beiden stehen einander gegenüber, die eine die andere bekämpfend, wie Macht gegen Macht, die nicht nebeneinander sein können. Bei dem einen und bei dem anderen ist nicht das geringste wirkliche, sachliche Interesse vorhanden, sondern nur ein parteimäßiges, ein ordengemäßes Interesse. Das müssen wir uns heute ganz besonders abgewöhnen, nur auf den Inhalt zu sehen und nicht zu sehen, von welchem Gesichtspunkte aus irgend etwas in die Welt gesetzt wird. Es kann etwas, wenn es von einem Gesichtspunkte aus, der für einen Zeitraum gültig ist, in die Welt gesetzt wird, ein Wohltätiges, ein Heilsames sein; wenn es von einer anderen Macht in Szene gesetzt wird, kann es entweder etwas ungeheuer Lächerliches oder sogar Schädliches sein. Das ist etwas, was heute ganz besonders berücksichtigt werden muß. Denn es wird

63

sich immer mehr und mehr herausstellen: Wenn zwei dasselbe sagen, so ist es nicht dasselbe, je nach dem Hintergrunde, der dahinter liegt. Nach alledem, was uns das Leben jetzt an Prüfungen gebracht hat in den letzten drei bis vier Jahren, ist es ganz besonders notwendig, daß wir auf solche Dinge wirklich endlich einmal Rücksicht nehmen, daß wir auf solche Dinge wirklich eingehen.

Von einem wirklichen Eingehen auf diese Dinge merkt man noch nicht viel. Man wird beispielsweise heute noch immer fragen: Wie soll man das und jenes einrichten, wie soll man das und jenes machen, damit es richtig ist? Richten Sie da oder dort dies oder jenes ein – wenn Sie die Menschen nicht hineinsetzen, die im Sinne unseres Zeitalters denken, dann können Sie die beste oder die schlechteste Einrichtung machen, sie werden beide entweder zum Heil oder zum Unheil ausschlagen, je nachdem Sie Menschen hineinsetzen. Worauf es heute ankommt, ist, daß der Mensch wirklich begreife: Er muß werden, er kann nicht auf irgend etwas geben, was er schon ist, er muß fortwährend ein Werdender sein. Er muß sich auch dazu verstehen, wirklich in die Wirklichkeit hineinzuschauen. Dem ist man aber sehr, sehr abgeneigt; das habe ich ja von den verschiedensten Gesichtspunkten aus betont. In allen Dingen, namentlich in den Zeitverhältnissen, ist man so sehr geneigt, nur ja nicht an die Wirklichkeit heranzutippen, sondern die Dinge eben zu nehmen, wie es einem paßt. Ein Urteil sich zu bilden, das sachgemäß ist, ist natürlich nicht so

leicht wie ein Urteilen, das möglichst geradlinig los-
steuert auf die Formulierbarkeit. Urteile, die sachgemäß sind, sind nicht ohne weiteres formulierbar,
namentlich dann nicht, wenn sie in das Soziale oder
in das Menschliche oder in das politische Leben eingreifen, denn da ist fast immer auch das Gegenteil
von dem richtig, was man annimmt – auch in demselben Grade richtig wie das Gegenteil. Nur wenn man
versucht, sich überhaupt kein Urteil zu bilden von
solchen Verhältnissen, sondern sich Bilder zu machen, das heißt, wenn man schon aufsteigt in das
imaginative Leben, dann wird man ungefähr den
rechten Weg gehen können. Das ist in unserer Zeit
von ganz besonderer Wichtigkeit, daß man versucht,
sich Bilder zu machen, nicht eigentlich abstrakte, ab-
geschlossene Urteile. Bilder müssen es ja auch sein,
welche zur Sozialisierung hindrängen. Dann, was
weiter notwendig ist: es gibt keine Sozialisierung,
ohne daß der Mensch geisteswissenschaftlich wird –
also gedankenfrei auf der einen Seite, geisteswissenschaftlich auf der andern Seite.

Ich habe ja auf das, was da zugrunde liegt, auch
schon in öffentlichen Vorträgen, auch in Basel im
öffentlichen Vortrage hingewiesen. Ich sagte, daß gewisse materialistisch denkende Menschen, die so alles
aus der Entwickelung heraus, aus der Tierreihe herauf begreifen wollen, sagen: Nun ja, wir haben beim
Tier die Anfänge von sozialen Instinkten, die entwikkeln sich im Menschen zu der Moralität. Aber gerade
das, was soziale Instinkte bei den Tieren sind: wenn

es zum Menschen heraufgehoben wird, wird es eben antisozial. Gerade was bei den Tieren sozial ist, ist beim Menschen im eminentesten Sinne antisozial! Die Menschen wollen überhaupt nicht eingehen auf die verschiedenen Linien, die einem ein reales Bild von den Dingen geben, sondern sie wollen sich rasch Urteile bilden. Nur dann kommt man zurecht im Wechselverkehr von Mensch zu Mensch, wenn man den Menschen nicht bloß hinsichtlich seiner tierischen Natur auffaßt, denn da ist er eben im eminentesten Sinne antisozial, sondern wenn man ihn auffaßt als ein geistiges Wesen, jeden Menschen als ein geistiges Wesen. Das kann man aber nur, wenn man die ganze Welt mit Bezug auf ihre geistige Grundlage auffaßt. Diese drei Dinge sind eben auch voneinander untrennbar: Sozialismus, Gedankenfreiheit, Geisteswissenschaft. Die gehören zusammen. Eines ist ohne das andere in unserem fünften nachatlantischen Zeitraum in seiner Entwickelung nicht möglich.

Besonders das wird notwendig sein, daß sich die Menschen bequemen, darauf, daß in jedem Menschen auch ein antisoziales Wesen steckt, nicht gedankenlos hinzuschauen. Man könnte auch sagen, wenn man trivial sprechen möchte: Es kommt sehr viel darauf an für das Heil dieses Zeitraumes, daß die Menschen aufhören, sich selbst so furchtbar gern zu haben. Das ist ja das Charakteristikon des gegenwärtigen Menschen, daß er sich selbst so gern hat. Und da müssen Sie wiederum unterscheiden: Er hat sein Denken, sein Fühlen, sein Wollen ganz besonders gern – und dann, wenn er einmal zum Beispiel sein Denken gern bekommen hat, dann läßt er davon nicht ab.

Sehen Sie, derjenige, der wirklich denken kann, der weiß etwas, was gar nicht unwichtig ist: Über alles das, was er richtig denkt, hat er irgendeinmal falsch gedacht. Eigentlich weiß man nur dasjenige richtig, von dem man die Erfahrung gemacht hat, was es in der Seele bewirkt, wenn man darüber falsch gedacht hat. Aber auf solche innere Entwickelungszustände lassen sich die Menschen nicht gern ein. Deshalb verstehen heute die Menschen einander so wenig. Ich will Ihnen ein Beispiel sagen. Die proletarische Weltanschauung, von der ich Ihnen öfter gesprochen habe, die behauptet, daß die Art, wie die Menschen vorstellen, der ganze ideologische Oberbau, abhängt von den wirtschaftlichen Verhältnissen, so daß die Menschen ihre politischen Gedanken nach ihren wirtschaftlichen Verhältnissen bilden.

Wer auf solche Gedanken eingehen kann, der wird finden, daß solch ein Gedanke eine breite Richtigkeit hat, insbesondere fast ganz richtig ist für die Zeitentwickelung seit dem sechzehnten Jahrhundert. Denn dasjenige, was die Menschen seit dem sechzehnten Jahrhundert denken, ist fast ganz ein Ergebnis der wirtschaftlichen Verhältnisse. Es ist nicht im absoluten Sinne richtig, aber es ist im relativen Sinne ganz weittragend richtig. Allein, in einen solchen Kopf, wie ein nationalökonomischer Professorkopf ist, will das nicht herein. Da doziert beispielsweise gar nicht weit weg von hier ein Nationalökonom, *Michels* heißt er, an einer Universität, der sagt, das sei falsch, denn man könne nachweisen, daß nicht durch die wirtschaftlichen Verhältnisse die politischen Gedanken gemacht werden, sondern daß durch die politischen Gedanken die wirtschaftlichen Verhältnisse ganz besonders umgeändert werden. Und es weist dieser Professor Michels dann hin auf die Kontinentalsperre Napoleons, wodurch gewisse Industriezweige etwa in Italien oder in England geradezu ausgerottet und andere eingeführt worden sind. Also, sagt er, da haben wir den eminentesten Fall, daß durch einen politischen Gedanken, durch die Kontinentalsperre, die ökonomischen Verhältnisse bestimmt werden. Solche Beispiele führt er noch mehrere an. Ich weiß, wenn hundert Menschen dieses Buch von diesem Professor Michels lesen, sind sie überzeugt, daß das stimmt, was er sagt, denn es wird mit einer ungeheueren Logik entwickelt. Es scheint absolut richtig zu sein, aber es ist doch lächerlich falsch. Es ist deshalb lächerlich falsch, weil alle Beispiele, die er anführt, nach demselben Schema zu behandeln sind wie diese Kontinentalsperre. Gewiß, die Kontinentalsperre hat bewirkt, daß in Italien gewisse Industrien verändert werden mußten, aber diese Veränderung der Industrien hat in dem ökonomischen Verhältnis zwischen Unternehmer und Arbeiter eben keine Veränderung hervorgerufen. Das ist gerade das Charakteristische. Alles das fällt heraus wie aus einem Sieb oder wie aus einem Faß

ohne Boden. Es ist nämlich diese Michelssche öko-
nomische Theorie ein Faß ohne Boden. Es fällt alles
das heraus, was er vorbringt, weil die proletarische
Weltanschauung gar nicht behauptet, daß nicht
durch irgendeinen solchen Gedanken wie die Kontinentalsperre meinetwillen Florentiner Seidenindu-
strie sich entwickelt, die früher nicht da war,
während sie sich in England nicht entwickelt. Die
proletarische Weltanschauung behauptet vielmehr:
Trotzdem die Kontinentalsperre eine Industrie dorthin, eine andere dorthin werfen kann, ändert sich
nichts in den ökonomischen Verhältnissen zwischen
Unternehmer und Arbeiter, und die sind das Ent-
scheidende. So daß solche Dinge dann herausfallen
aus dem großen Gang der wirtschaftlichen Ereignisse
mit ihrem ideologischen Oberbau und gerade die
Kontinentalsperre in ihrer Wirksamkeit im eminentesten Sinne das, was der Professor Michels beweisen
will, nicht beweist.

Nun fragen Sie: Warum besteht solch ein Mensch,
wie der Professor Michels, auf seiner Theorie gegenüber dem proletarischen Denken? Aus dem einfachen Grunde, weil er verliebt ist in sein Denken und
weil er gar nicht in der Lage ist, einzugehen auf das
proletarische Denken. Er schläft nämlich gleich ein.
Es ist ein latentes Einschlafen. In dem Augenblicke,
wo er proletarische Gedanken nachdenken soll,
schläft er ein. Da kann er sich nur aufrechterhalten,
indem er denjenigen Gedanken entwickelt, in den er
verliebt ist.

So muß man auf die seelischen Dinge eingehen. In unserer Zeit ist einmal das Zeitalter, in dem man im eminentesten Sinne auf die seelischen Dinge eingehen muß, sonst wird man nicht begreifen, was in unserer Zeit notwendig ist; sonst wird man doch über diese schwierigen, tragischen Verhältnisse zu keinem irgendwie heilsamen Urteile kommen können. Und heilsame Urteile sind es ja eigentlich, die aus der Misere der Gegenwart doch allein hinwegführen können und auch hinwegführen werden. Zum Pessimismus im ganzen und großen ist kein Anlaß; aber zur Umkehrung des Urteils ist viel Anlaß. Vor allen Dingen bei jedem einzelnen ist zur Umkehrung des Urteiles im höchsten Maße Veranlassung.

Man muß schon sagen: Es ist sehr, sehr merkwürdig, wenn man sieht, wie heute die Menschen gleichsam schlafend ihre Urteile abgeben und wie sie rasch vergessen von einem Zeitraum auf den andern, wenn die Zeiträume auch noch so kurz sind. Wir werden es ja insbesondere jetzt erleben, wie die Menschen vergessen werden die Art, wie sie geurteilt haben, was sie über die ganze Welt hin alles phraseologiert haben über Recht, über die Notwendigkeit, für das Recht zu kämpfen gegen das Unrecht. Wir werden es erleben, daß die meisten Menschen, die in dieser Form vor einiger Zeit von dem Recht gesprochen haben, dieses vergessen und gar nicht sehen werden, wie es sich in der nächsten Zeit bei der größten Anzahl derjenigen, die vom Recht gesprochen haben, einfach um die Geltendmachung der ganz gewöhnlichen

Macht handelt. Das soll ihnen natürlich nicht übelgenommen werden; aber man soll sich nur klar sein darüber, daß, wenn man auf der einen Seite vom Recht gesprochen hat, man dann kein Recht dazu hat, zu übersehen, daß es sich bei den größten Schreiern zuletzt um Macht und Machtimpulse handelt. Wie gesagt, das soll nicht übelgenommen werden, aber schön wird nicht sein, wie sich dasjenige geltend macht, was vor verhältnismäßig kurzer Zeit nur immer von Recht und Recht und Recht gesprochen hat. Nicht erstaunt kann man darüber sein. Aber erstaunt müßten diejenigen sein, die mitgesprochen haben, die mitgetan haben, wenn sie jetzt so merkwürdig das Bild verändert finden! Sie müßten dann wenigstens zu dem Bewußtsein kommen, wie sehr der Mensch geneigt ist, seine Urteile nach Illusionen und nicht nach Wirklichkeiten zu bilden.

III.

DER MENSCH ZWISCHEN LUZIFER UND AHRIMAN. DIE HEILENDE KRAFT DER IMAGINATION

Dornach, 7. Dezember 1918

Es wird den Menschen oftmals schwer, sich in dem Gang der Weltereignisse, gerade wenn man diese Weltereignisse von einem höheren Gesichtspunkte aus betrachtet, zurechtzufinden. Der Mensch möchte so gerne nicht unbefangen auf die Wahrheit hinblicken, die gewisse Konflikte des Lebens ja erst in langen Zeiträumen oftmals löst. Der Mensch möchte, wenn er sich auch das nicht immer gesteht, doch allzu gerne so am Gängelband der Weltenmächte geführt werden. Insbesondere wird es dem Menschen schwer, sich unbefangen zurechtzufinden, wenn er in irgendeiner Inkarnation gezwungen ist, in so katastrophaler Zeit zu leben, wie das zum Beispiel jetzt der Fall ist. Er fragt dann gerne: Warum lassen die Götter solche Dinge zu? – Er fragt nicht gerne nach den Notwendigkeiten des Lebens. Er hat doch gewissermaßen die Sehnsucht, die Dinge so angenehm als möglich zu sehen. In einer solchen Zeit, wie es die unsrige ist, muß aber der Mensch auf mancherlei hinschauen, das sich eben aus dem Chaos heraus vorbereitet. Das Chaos ist notwendig für den Gesamtverlauf des Geschehens. Und der Mensch muß sich oftmals in das Chaotische ebenso hineinstellen wie in das Harmonisierte. Insbesondere ist unser fünfter nachatlantischer Zeitraum ein solcher, der den Menschen viel des Chaotischen erleben läßt. Das aber hängt mit der ganzen Eigentümlichkeit, mit dem ganzen Wesen dieses Zeitraumes zusammen. Wir leben ja in dem Zeitraume, in dem der Mensch durchgehen soll durch jene Entwickelungsimpulse, die ihn auf sich selbst stellen, die ihn durchdringen mit dem individuellen Bewußtsein. Wir leben eben im Zeitalter der Bewußtseinsseele.

Nach alledem, was wir nun betrachtet haben, wobei wir zusammengetragen haben die verschiedensten Dinge, die uns gerade unsere Zeit verständlich machen können, muß man sich nun fragen: Welches ist denn die tiefste Eigentümlichkeit gerade unseres Zeitraumes und der Entwickelung der Bewußtseinsseele? Die tiefste Eigentümlichkeit für diesen Zeitraum ist diese, daß der Mensch am gründlichsten, am intensivsten Bekanntschaft machen muß mit den der Harmonisierung der Gesamtmenschheit widerstrebenden Kräften. Deshalb muß in unserer Zeit sich allmählich eine bewußte Erkenntnis der dem Menschen widerstrebenden ahrimanischen und luziferischen Mächte verbreiten. Würde der Mensch durch diese Entwickelungsimpulse, an denen die luziferischen und ahrimanischen Mächte mitwirken, nicht hindurchgehen, so würde er nicht zum vollen Gebrauch seines Bewußtseins, also nicht zu der Ausbildung seiner Bewußtseinsseele kommen. Wir haben aber in diesem Sicheingliedern der Bewußtseinsseele in die menschliche Natur einen im eminentesten Sinne antisozialen Trieb zu erkennen. So daß das Eigentümliche vorliegt in unserem Zeitalter, daß das Auftreten der sozialen Ideale wie eine Reaktion erscheint auf dasjenige, was gerade aus dem innersten Wesen der Menschennatur herauswill, auf die Entwickelung des individuellen Bewußtseins. Ich möchte sagen, wir haben in unserer Zeit einen solchen Schrei nach Sozialismus, weil das innerste Wesen des Menschen gerade in unserer Zeit diesem Sozialismus am meisten widerstrebt. Wir haben deshalb nötig, auf alles das hinzuschauen, was im Kosmos, im Weltenall mit dem Menschen in einer Beziehung steht, damit uns bewußt werde, welches Verhältnis besteht zwischen den antisozialen Impulsen, die aus der Tiefe der Menschenseelen heute herausquellen, und dem Schrei nach sozialer Harmonisierung, der wie eine Reaktion auf dasjenige wirkt, was aus dem Innern der Menschenseele herausquillt. Man muß sich eben klarwerden darüber, daß der Mensch mit seinem Leben einen Gleichgewichtszustand darstellt zwischen einander widerstrebenden Mächten. Jede Vorstellung, die etwa darauf ausgeht, bloß eine Zweiheit vorzustellen, sagen wir ein gutes und böses Prinzip, die wird niemals das Leben durchleuchten können. Das Leben kann man nur durchleuchten, wenn man es im Sinne der Dreiheit darstellt, wo das eine der Gleichgewichtszustand ist und die zwei andern die beiden Pole, nach denen der Gleichgewichtszustand fortwährend hinpendelt. Daher jene Trinität, die wir in dem Menschheitsrepräsentanten und in Ahriman und Luzifer in unserer Gruppe, die den Mittelpunkt dieses Baues zu bilden hat, darstellen wollen.

Dieses Bewußtsein von einem Gleichgewichtszustand, der angestrebt wird, der immer in der Gefahr lebt, nach der einen oder nach der anderen Seite auszuschlagen, das muß das Wesentliche werden der Weltanschauung für diesen fünften nachatlantischen Zeitraum. Indem der Mensch durchgeht durch die Bewußtseinsseele, entwickelt er sich nach dem Geistselbst hinauf. Es wird noch lange dauern, dieses Zeitalter der Entwickelung der Bewußtseinsseele. Aber in der Wirklichkeit gehen ja doch die Dinge nicht so vor sich, daß immer schön schematisch eines auf das andere folgt, sondern eines ist gewissermaßen in dem andern eingekapselt. Und während wir zu immer stärkerer und stärkerer Kraft die Bewußtseinsseele ausbilden, lauert, ich möchte sagen, im Hintergrunde schon das Geistselbst, welches dann im sechsten nachatlantischen Zeitraum ebenso stark herauskommen soll wie in diesem fünften nachatlantischen Zeitraum die Bewußtseinsseele. Ebenso stark, wie die Bewußtseinsseele antisozial wirkt, indem sie sich entwickelt, wird das Geistselbst sozial wirken. So daß man sagen kann: Der Mensch entwickelt aus den innersten Impulsen seiner Seele heraus in dieser Epoche Antisoziales; aber dahinter treibt ein Geistig-Soziales. Und dieses Geistig-Soziale, das dahinter treibt, das wird im wesentlichen erscheinen, wenn das Licht des Geistselbstes im sechsten nachatlantischen Zeitraum aufgehen wird. Daher ist es kein Wunder, daß in diesem fünften nachatlantischen Zeitraum in allerlei abstrusen, hyperradikalen Formen dasjenige auftritt, was in einer geordneten Weise doch erst in die Menschheit sich einleben kann im sechsten, dem auf unseren folgenden nachatlantischen Zeitraum.

Dem Vorausrumoren dessen, was in diesem sechsten nachatlantischen Zeitraum kommen soll, dem wird der Mensch ausgesetzt sein durch diesen fünften nachatlantischen Zeitraum hindurch, und es wird alles davon abhängen, daß man sich ein Verständnis von dem verschafft, durch das wir eben während dieses fünften Zeitraumes hindurchgehen müssen. Die antisozialen Triebe werden eine ungeheuere Rolle spielen, und sie werden gedämpft, eingegliedert werden können in ein wirkliches soziales Leben nur dadurch, daß die Menschen, wie ich das neulich auseinandergesetzt habe, dasjenige zu Hilfe nehmen werden, was als soziale Wissenschaft aus der allgemeinen Geisteswissenschaft heraus sich ergibt.

So wird im Hintergrunde, weil verfrüht, hinter den mancherlei Bestrebungen der Gegenwart und in die Zukunft hin eine soziale Forderung stehen. Aber wir müssen es immer wiederholen von den verschiedensten Gesichtspunkten aus, daß diese soziale Gestaltung, die gefordert wird, nicht lebensfähig sein könnte, ohne daß sie mit zwei anderen Dingen in

Verbindung tritt. Im sechsten nachatlantischen Zeit-raum wird diese Verbindung mehr oder weniger von selbst auftreten. In diesem fünften nachatlantischen Zeitraum muß durch die Pflege der Geisteswissen-schaft das soziale Leben geregelt werden. Und jede andere Bestrebung, um das soziale Leben außerhalb des Gebietes der Geisteswissenschaft zu regeln, wird nur zum Chaos und zum Hyperradikalismus führen, der die Menschen unglücklich macht. Mit Bezug auf die soziale Gestaltung des Lebens ist gerade dieser fünfte nachatlantische Zeitraum im eminentesten Sinne auf Geisteswissenschaft angewiesen. Denn be-denken wir noch einmal – worauf ich schon gestern und auch neulich im öffentlichen Vortrage in Basel hingedeutet habe –, daß der Mensch gewissermaßen der Überwinder ist derjenigen Natur, die über das Tierreich verteilt ist. Er ist der Überwinder der tie-rischen Natur, er trägt die tierische Natur in sich.

Einfältige Darwinisten behaupten, daß die mensch-liche Moral nur eine Entwickelung der sozialen Trie-be bei den Tieren ist. Die sozialen Triebe aber sind den Tieren eingeboren, und sie werden, insofern sie soziale Triebe bei den Tieren sind, gerade beim Men-schen zu antisozialen Trieben, und der Mensch kann zum sozialen Leben nur wieder erwachen, wenn er hinüberwächst über dasjenige, was bei ihm aus dem Tierischen heraus ins Antisoziale sich entwickelt hat. Das ist die Wahrheit. So daß, wenn wir uns den Men-schen schematisch nach dieser Richtung vorstellen wollen (es wird gezeichnet), wir sagen können: Der

Mensch überwindet die Tierheit, er entwickelt sich über die Tierheit hinaus. Das, was im Tier Soziales ist, wird gerade beim Menschen antisozial. Aber der Mensch wächst in die Geistigkeit hinein, und im Geistigen kann er sich wiederum das Soziale erringen. Der Mensch erringt sich das Soziale auf einer höheren Stufe, als diejenige ist, die er im Zeitalter der Bewußtseinsseele hat, wo er aus der Tierheit herausgewachsen ist; im Chaotischen leuchtet es in den Mittelzustand herein, in dem man gerade drinnen ist.

Nun sind zwei andere Ergänzungen notwendig. Wenn Sozialismus, der als elementarer Impuls heraufkommt, als eine Forderung innerhalb der Menschheit auftritt, so muß dieser Sozialismus allein immer zum Unsegen führen. Sozialismus kann nur zum Segen führen, wenn er gepaart ist mit den zwei anderen Dingen, die zunächst bis zum Ende unserer nachatlantischen Zeit, bis zum siebenten nachatlantischen Zeitraum sich in der Menschheit entwickeln müssen, mit dem, was man nennen kann ein freies Gedankenleben und eine Einsicht in die geistige Natur der Welt, die hinter der sinnlichen Natur liegt. Sozialismus ohne Geisteswissenschaft und ohne Gedankenfreiheit ist ein Unding. Das ist eben eine objektive Wahrheit. Zur Gedankenfreiheit muß der Mensch aber erwachen, sich reif machen, gerade in unserem Zeitalter der Bewußtseinsseele. Warum muß er zur Gedankenfreiheit erwachen?

Sehen Sie, der Mensch ist im Verlaufe seiner Entwickelung gewissermaßen in einer Beziehung an einem entscheidenden Punkte in diesem fünften nachatlantischen Zeitraum angelangt. Der Mensch hatte bis in diesen fünften nachatlantischen Zeitraum hinein sich die Möglichkeit des Fortwirkens der vorgeburtlichen Zeit in das nachgeburtliche Leben mitgebracht. Machen wir uns das ganz klar. Bis in unseren Zeitraum herein trägt der Mensch Kräfte in sich, welche von ihm nicht im Laufe des Lebens erworben sind, sondern die er schon hatte, als er, wie man so sagt, das Licht der Welt erblickte, als er geboren wurde, die ihm eingeprägt wurden in der Embryonalzeit. Diese Kräfte, die der Mensch in der Embryonalzeit eingeprägt erhält und die dann das Leben hindurch fortwirken, hatte der Mensch bis in den vierten nachatlantischen Zeitraum herein. Und erst jetzt stehen wir vor der großen Krisis in der Menschheitsentwikkelung, daß diese Kräfte nicht mehr maßgebend sein können, daß sie nicht mehr so elementar wirksam sein können wie bisher. Mit andern Worten: Der Mensch wird in diesem fünften nachatlantischen Zeitraum viel mehr den Eindrücken des Lebens ausgeliefert sein, weil die den Eindrücken des Lebens widerstrebenden Kräfte, die vor der Geburt in der Embryonalzeit erworben werden, ihre Tragkraft verlieren. Das ist etwas ungeheuer Bedeutungsvolles, daß diese Kräfte ihre Tragkraft verlieren.

Nur in bezug auf eines war das Leben auch bisher schon so, daß der Mensch etwas erwerben konnte zwischen Geburt und Tod, also etwas, was ihm nicht während der Embryonalzeit eingeimpft war. Das war aber nur durch das Folgende möglich. Wir haben gestern eigentümliche Erscheinungen des Schlafes mit Bezug auf das soziale Leben auseinandergesetzt. Wenn der Mensch schläft, sind sein Ich und sein astralischer Leib außerhalb des physischen und des Ätherleibes. Es ist ein anderer Zusammenhang zwischen dem Ich und dem astralischen Leib einerseits und dem physischen Leib und dem Ätherleib andrerseits im Schlafen vorhanden als im Wachen. Der Mensch verhält sich anders zu seinem physischen und Ätherleib, wenn er schläft. Nun besteht eine gewisse Ähnlichkeit zwischen unserem Schlafen und unserer Embryonalzeit – Ähnlichkeit, nicht Gleichheit! In einer gewissen Beziehung wird unser Leben, wenn wir einschlafen, bis zum Aufwachen ähnlich – nicht gleich – dem Leben, das wir führen von der Konzeption, der Empfängnis – oder eigentlich drei Wochen danach – bis zur Geburt. Wenn wir als Kind im Mutterleibe ruhen, so haben wir ein ähnliches Leben wie später, wenn wir schlafen. Den Unterschied macht nur ein ganz Bedeutungsvolles, das ist das Atmen, das Atmen der äußeren Luft. Deshalb durfte ich nur sagen ähnlich, aber nicht gleich. Wir atmen nicht die äußere Luft, wenn wir im Mutterleibe ruhen. Wir werden aufgerufen zum Atmen der äußeren Luft, indem wir geboren werden. Dadurch ist wiederum dieses Leben im Schlafe verschieden von dem Embryonalleben. Nun halten Sie dieses fest: Indem der Mensch schläft, hat er in vieler Beziehung ein dem Embryonalleben ähnliches Leben. Nur wirkt herein etwas, was nur zwischen Geburt und Tod da sein kann, nicht im Embryonalleben: es wirkt herein die Atmung. Dadurch, daß der Mensch die äußere Luft atmet, wird sein Organismus in einer gewissen Weise beeinflußt. Aber alles, was unsern Organismus beeinflußt, wirkt auf unsere sämtlichen Lebensäußerungen, auch auf unsere Seelenäußerungen. Wir verstehen anders die Welt, indem wir atmen, als wenn wir nicht atmen würden.

Nun gab es ein Kulturelement in der Entwickelung der Menschheit – wir rühren an ein bedeutsames Geheimnis der Menschheitsentwickelung, indem wir dieses auseinandersetzen –, und das war das alttestamentliche, welches besonders tief durchdrungen war bei seinen Eingeweihten von dieser Tatsache, daß der Mensch zwischen Geburt und Tod sich durch das Atmen unterscheidet von dem Embryonalleben, dem sonst sein Schlafesleben ähnlich ist. Auf diese innere Erkenntnis von der Natur des Atmens war aufgebaut das Verhältnis, welches die alten jüdischen Eingeweihten, die hebräischen Eingeweihten des Alten Testamentes zu ihrem Jahve-Gotte hatten. Der Jahve-Gott offenbarte sich, das brauchen wir ja nur der Bibel zu entnehmen, seinem Volke. Welches war das Volk Jahves? Dasjenige Volk, das eine besondere Beziehung hatte zu dieser Wahrheit vom Atmen, die ich eben ausgesprochen habe. Und damit hängt es zusammen, daß gerade dieses Volk als Offenbarung empfing, daß der Mensch Mensch wurde, indem ihm der lebendige Odem gegeben wurde.

Aber man erlangt ein ganz besonderes Verständnis, wenn man auf diese Natur des menschlichen Atmens baut. Man erlangt das Verständnis für das abstrakte Gedankenleben, das im Alten Testament genannt wird das Gesetzesleben, für die Aufnahme von abstrakten Gedanken. So sonderbar das heute dem materialistischen Denken klingt, wahr ist es doch: Durch den Atmungsprozeß ist gerade die menschliche Abstraktionskraft wesentlich bedingt. Daß der Mensch abstrahieren kann, daß er abstrakte Gedanken fassen kann in dem Sinne, wie ja auch die Gesetze abstrakte Gedanken sind, das hängt auch physiologisch mit seinem Atmungsprozeß zusammen. Das Instrument des abstrakten Denkens ist ja das Gehirn. Dieses Gehirn ist in einem fortwährenden Rhythmus begriffen, der dem Atmungsrhythmus angemessen ist. Ich habe über dieses Verhältnis des Gehirnrhythmus zum Atmungsrhythmus auch hier schon, sogar wiederholt, gesprochen. Ich habe Ihnen auseinandergesetzt, wie das Gehirn im Gehirnwasser eingebettet ist, wie das Gehirnwasser, wenn die Luft ausgeatmet wird, herunterfließt durch die Rückenmarkssäule und sich nach unten in die Bauchhöhle ergießt; wie beim Einatmen wieder das Wasser zurückgedrängt wird, so daß ein fortwährendes Vibrieren stattfindet: mit dem Ausatmen ein Sinken des Gehirnwassers, mit dem Einatmen ein Steigen des Gehirnwassers und ein Einbetten des Gehirnes im Gehirnwasser. Mit diesem Rhythmus des Atmungsprozesses hängt auch physiologisch das Abstraktionsvermögen des Menschen zusammen.

Ein Volk, das ganz besonders baute auf den Atmungsprozeß, war das Volk des Abstraktionsprozesses zugleich. Daher konnten die Eingeweihten, indem sie auf ihre Jahve-Weise empfanden, ihrem Volke eine ganz besondere Offenbarung geben, weil diese Offenbarung ganz angepaßt war dem abstrakten Denken. Das ist das Geheimnis der alttestamentlichen Offenbarung, daß der Mensch eine Weisheit empfangen hat, welche dem Abstraktionsvermögen, dem Vermögen des abstrakten Denkens angepaßt war. Und Jahve-Weisheit ist dem abstrakten Denken angemessen. Im gewöhnlichen Bewußtseinszustande verschläft der Mensch diese Jahve-Weisheit. Die Jahve-Eingeweihten haben einfach bei ihrer Initiation das empfangen, was der Mensch durch das Atmen vom Einschlafen bis zum Aufwachen erlebt. Aus diesem Grunde wird von solchen, die halbe Wahrheiten lieben, sehr häufig Jahve als diejenige Gottheit bezeichnet, die den Schlaf reguliert. Das ist auch der Fall. Er hat dem Menschen dasjenige an Weisheit überliefert, was der Mensch erleben würde, wenn er so hellsichtig würde, wie es die Eingeweihten eben wurden, um bewußt das Leben vom Einschlafen bis zum Erwachen zu erleben. Dieses wurde nun nicht erlebt vom gewöhnlichen Bewußtsein im alttestamentlichen Leben, sondern den Menschen als Offenbarung gegeben, so daß also die Menschen als Offenbarung in der Jahve-Weisheit dasjenige empfingen, was von ihnen verschlafen werden muß. Es muß verschlafen werden, weil sonst der Lebensprozeß nicht weitergehen könnte.

Das ist das Wesentliche der alttestamentlichen Kultur, daß als Jahve-Weisheit geoffenbart wird die Nachtweisheit. Bis zu einem gewissen Grade – aber ich bitte zu beachten: bis zu einem gewissen Grade – war diese Möglichkeit für die Menschen in derjenigen Zeit erschöpft, als das Mysterium von Golgatha herannahte. Denn diese Weisheit, die gewissermaßen die Schlafes-Atmungs-Weisheit ist, die ist ein Siebentel dessen, was der Mensch im Lauf seiner Entwickelung an Weisheit entwickeln muß – ein Siebentel! Sie ist die Weisheit des einen der Elohim, des Jahve. Die andern sechs Siebentel, die konnten und können an die Menschheit nur herankommen, indem der Christus-Impuls in die Menschheit einfließt. So daß man sagen kann: Indem Jahve sich offenbart, offenbart er – ich möchte sagen im voraus – die Nacht-Atmungs-Weisheit. Die sechs andern Elohim, die in ihrer Gesamtheit nun mit dem siebenten Elohim den Christus-Impuls darstellen, sie offenbaren das übrige, was außer durch das Atmen an den Menschen zwischen Geburt und Tod herankommt.

Der Mensch wäre nun innerhalb des alttestamentlichen Kulturlebens ein ganz antisoziales Wesen geworden, wenn nicht Jahve das soziale Element seinem Volke in demjenigen abstrakten Gesetze geoffenbart hätte, welches das Leben gerade dieses Volkes regelte und harmonisierte. Nun hat Jahve diese Alleinherrschaft erobern können, indem er die andern Elohim, wie ich Ihnen auseinandergesetzt habe, zurückschob, gewissermaßen entthronte. Dadurch sind aber andere, niedrigere geistige Wesenheiten an die menschliche Natur herangekommen und haben von der menschlichen Natur Besitz ergriffen. Der Mensch wurde diesen anderen Wesenheiten ausgesetzt, so daß wir während der alttestamentlichen Entwickelung zweierlei haben: erstens die harmonisierende Jahve-Weisheit in dem, was die Juden das Gesetz nannten, worinnen zu gleicher Zeit das soziale Leben beschlossen war, und ferner dasjenige, was widerstrebte diesem sozialen Zusammenhalte, die der menschlichen Natur nahen, niedrigeren Wesenheiten, weil die anderen Elohim noch nicht zugelassen waren in der Zeit vor dem Mysterium von Golgatha. Diese niedrigeren Wesenheiten richteten ihre starken Angriffe im antisozialen Sinne gegen das Jahve-Element.

Nun liegt die eigentümliche Tatsache vor, daß in der Mitte des neunzehnten Jahrhunderts, in den vierziger Jahren, Jahve in seinem Einflusse gewissermaßen nicht mehr Herr werden konnte über die widerstrebenden Geister, so daß diese besondere Macht erlangten. Und es ist auch eigentlich erst im Laufe des neunzehnten Jahrhunderts die Notwendigkeit eingetreten, den Christus-Impuls, der vorher nur vorbereitet wurde, was ich ja oft erwähnt habe, wirklich zu verstehen, weil ohne ihn die menschliche Kultur nicht weitergehen kann. Vor dieser bedeutsamen Krisis stand gerade das soziale Element des Menschenlebens, daß der Christus-Impuls für die Zukunft im eminentesten Sinne verstanden werden muß. Ohne diesen Christus-Impuls zu verstehen, geht keine soziale Forderung irgendwelchen heilsamen Zielen entgegen.

Alle die Jahrhunderte – es sind ja deren fast zwanzig –, in denen sich bisher das Christentum ausgebreitet hat, waren nur Vorbereitungen für die wirkliche Erfassung des Christus-Impulses. Denn der Christus-Impuls kann nur im Geistigen erfaßt werden. Alles geschieht allmählich, und in unserer kritischen Zeit, in der Zeit, in der eben mit Bezug auf die Dinge, die ich angeführt habe, eine Krisis vorliegt, da ist die Sache so: Da ragt noch herein als ein Überbleibsel der Trieb nach der bloßen Jahve-Weisheit, nach jener Weisheit, die angewiesen war auf das, was im Embryonalleben erworben wird und durch den Atmungsprozeß, der aber unbewußt ist, modifiziert wird. Der Atmungsprozeß bleibt unbewußt. Die Jahve-Weisheit muß geoffenbart werden dem Bewußtsein. Das ging so lange, als nicht die Bewußtseinsseele bis zu einem gewissen Grade entwickelt war. Jetzt, da die Bewußtseinsseele bis zu diesem Grad entwickelt ist, kann nicht mit der auf das Atmen abgestimmten Jahve-Weisheit weitergewirtschaftet werden. Aber immer macht sich das so geltend, daß das Bestreben entsteht, weiterzuwirtschaften mit dem, womit nach inneren Notwendigkeiten nicht mehr gewirtschaftet werden kann. Weil für das Leben zwischen Geburt und Tod dasjenige, was mit dem Atmen zusammenhängt, unbewußt bleibt, war die jüdische Kultur nicht eine individuelle Menschheitskultur, sondern eine Volkskultur, wo alles zusammenhängt mit der Abstammung von dem gemeinsamen Stammvater. Die jüdische Offenbarung ist im wesentlichen eine für dieses jüdische Volk berechnete Offenbarung, weil sie eben mit dem rechnet, was im Embryonalleben erworben und nur durch ein Unbewußtes, durch den Atmungsprozeß, modifiziert wird.

Was ist die Folge davon in unserer kritischen Zeit? Daß diejenigen, welche sich zur Christus-Weisheit nicht bekennen wollen, die das andere hereinbringt in den Menschen, was zwischen Geburt und Tod erworben wird außer durch den Atmungsprozeß, stehenbleiben wollen bei der Jahve-Weisheit, bloß auf Volkskulturen die Menschheit einstellen wollen. Und der gegenwärtige Ruf nach einer Gliederung der Menschen in lauter einzelne Völker ist der ahrimanisch zurückgebliebene Ruf nach der Begründung einer solchen Kultur, wo alle Völker nur Volkskulturen, das heißt alttestamentliche Kulturen darstellen. Dem jüdischen alttestamentlichen Volke ähnlich werden sollen die Völker über die Erde hin – das ist der Ruf von *Woodrow Wilson.*

Damit berühren wir ein außerordentlich tiefes Geheimnis, ein Geheimnis, welches sich in den allerverschiedensten Formen enthüllen wird. Ein soziales Element, das antisozial ist mit Bezug auf die ganze Menschheit, das nur das Soziale begründen will in einzelnen Völkern, das will als ahrimanisches Element herauf; ahrimanisch soll festgehalten werden der alttestamentliche Kulturimpuls!

Sie sehen, so einfach liegen die Dinge nicht, wie sich viele Menschen heute vorstellen, daß man nur das oder jenes auszudenken braucht, um dem Menschen Ideale vorzusagen. Man muß eingehen können auf die Wirklichkeiten, man muß sagen können, was eigentlich waltet und kraftet in diesen Wirklichkeiten. Dem Menschen steht eben in Aussicht, nicht mehr auf das bloße Unbewußte zu bauen, sondern auf das Bewußte im Leben zwischen Geburt und Tod. Das Unbewußte baut auf den Atmungsprozeß und damit ganz selbstverständlich auf das, was mit dem Atmungsprozeß zusammenhängt, auf die Blutzirkulation, das heißt auf die Abstammung, auf den Blutzusammenhang, auf die Vererbung. Diejenige Kultur, die da kommen muß, die kann nicht bloß auf den Blutzusammenhang die soziale Ordnung begründen, denn dieser Blutzusammenhang gibt nur ein Siebentel desjenigen, was in der Menschheitskultur begründet werden muß. Die anderen sechs Siebentel müssen dazukommen durch den Christus-Impuls, im fünften Zeitraum eines, im sechsten Zeitraum das zweite, im siebten Zeitraum das dritte, und das andere geht dann in die folgenden Zeiten hinüber. Daher muß sich nach und nach in der Menschheit dasjenige entwickeln, was mit dem wirklichen Christus-Impuls zusammenhängt; und überwunden werden muß, was mit dem bloßen Jahve-Impuls zusammenhängt.

Und das wird das Charakteristische sein, daß zum letzten Male gewaltige, weitgehende Anstrengungen des Jahve-Impulses geschehen werden in dem, was als internationaler Sozialismus vom Proletariat verstanden wird. Es ist im wesentlichen das letzte Rumoren des Jahve-Impulses. Vor dem Eigentümlichen steht man, daß jedes Volk ein Jahve-Volk werden wird und gleichzeitig jedes Volk Anspruch machen wird, über die ganze Erde seinen Jahve-Kultus, seinen Sozialismus zu verbreiten.

Das werden wiederum die zwei einander widerstrebenden Kräfte sein, zwischen denen das Gleichgewicht zu suchen ist. In all das, was als objektive Notwendigkeit im Gang der Menschheitsentwickelung sich geltend macht, mischen sich dann hinein die Gefühle, die Empfindungen der Menschen, die sich zu den verschiedenen Volksgruppen so oder so stellen, und die innerhalb des objektiv notwendigen Ganges der Entwickelung störend wirken. Durch die Jahve-Weisheit ist das eine der sieben Tore zu Menschenverbindungen geöffnet. Ein zweites Tor wird geöffnet werden, wenn erkannt werden wird, daß dasjenige, was der Mensch jetzt als seine physische und seine ätherische Natur in sich trägt, im Verlaufe des Lebens krank wird. Natürlich ist damit nicht eine akute Krankheit gemeint, aber jetzt in unserem fünften Zeitraum bedeutet «leben» ein langsames Erkranken. Das ist seit dem vierten Zeitraume der Fall; es ist insbesondere so im fünften Zeitraume. Der Lebensprozeß ist, wenn auch sukzessive und langsam, dasselbe wie eine akute Krankheit, nur daß diese einen schnellen Verlauf hat. Daher muß, wie man eine

akute Krankheit durch einen spezifischen Heilungs-
prozeß heilen muß, etwas eintreten in das menschliche Leben, welches gesund macht.

Das natürliche Leben der Menschen vom fünften
nachatlantischen Zeitraum an ist also eine Art fortwährend langsamen Erkrankens. Alle Erziehung,
alle Kultureinflüsse müssen darauf hinwirken, gesund zu machen. Das ist gewissermaßen die erste,
wahre Impulsivität des Christus-Impulses: die Hei-
lung. Der Heiland, der Heilende zu sein, dazu ist er
ganz besonders berufen im fünften nachatlantischen
Zeitraume. Die anderen Formen des Christus-Impulses müssen im Hintergrunde sein. Für den sechsten nachatlantischen Zeitraum muß der Christus-
Impuls besonders wirken für das Sehertum. Da
kommt das Geistselbst zur Ausbildung, innerhalb
dessen der Mensch nicht leben kann ohne das Sehertum. Und im siebenten nachatlantischen Zeitraum
wird eine Art prophetischer Natur, weil es ja prophe-
tisch hinübergehen muß in eine ganz neue Zeit, als
das dritte sich entwickeln; die anderen drei Glieder
der sechsteiligen Christus-Weisheit werden in den
folgenden Zeiten wirken. So muß der Christus-Impuls sich als Heilprozeß, als Seherprozeß, als prophetischer Prozeß im Verlauf des jetzigen und der zwei
folgenden Kulturzeitalter als das sozial die Menschheit durchglühende Element in die Menschheit einleben. Das ist das reale Einleben des Christus-Impulses. Das zieht sich durch die übrigen Dinge hindurch,
die wir für die Entwickelung schon erwähnt haben.

Ein Tor ist aufgeschlossen worden durch die Jahve-Weisheit. Doch dieses Tor ist unpraktikabel geworden in der Mitte des neunzehnten Jahrhunderts. Wenn es allein durchschritten werden soll, so kann nichts anderes kommen, als daß gewissermaßen alle Völker ihrer Form nach hebräische Kulturen entwikkeln. Andere Tore müssen geöffnet werden, das heißt, es muß die Initiationsweisheit, die durch ein zweites, ein drittes, ein viertes Tor bekannt wird, zu derjenigen Weisheit hinzutreten, die durch das Jahve-Tor bekannt geworden ist. Nur so kann der Mensch in andere Zusammenhänge hineinwachsen als in diejenigen, die durch die Bluts-, das heißt durch die Atmungsbande geregelt sind, und das wird in der Zukunft von besonderer Wichtigkeit für ihn sein.

Das ist wiederum das Kritische unserer Zeit, daß die Menschen sich ahrimanisch aus alten Zeiten eine Regelung der Weltenordnung nach Blutsbanden bewahren wollen, daß aber eine innere Notwendigkeit über diese Blutsbande hinausstrebt. In der Zukunft kann nicht das Sozial-Regelnde von dem ausgehen, was in irgendeiner Weise verwandt ist, sondern in der Zukunft wird nur das gelten, was in freier Entschließung die Seele selbst als das Regelnde der sozialen Ordnung erleben kann. Gewissermaßen wird eine innere Notwendigkeit die Menschen so leiten, daß alles das, was in die soziale Ordnung durch die bloßen Blutsbande hineinragt, ausgemerzt wird. Alle diese Dinge treten eben zuerst tumultuarisch in die Erscheinung. In unserem Zeitalter wird sich entwik-

keln müssen Geist-Erkenntnis und Gedankenfreiheit, namentlich Gedankenfreiheit in religiösen Dingen. Geisteswissenschaft muß sich entwickeln aus
dem Grunde, weil der Mensch zum Menschen in ein
Verhältnis treten muß. Aber der Mensch ist Geist.
Man kann zum Menschen nur in ein Verhältnis treten, wenn man vom Geiste ausgeht. Das frühere Verhältnis, in das die Menschen getreten sind, ging von
dem unbewußten, im Blute vibrierenden Geiste aus
im Sinne der Jahve-Weisheit, die aber nur zur Ab-
straktion führt. Das nächste, zu dem der Mensch geführt werden muß, das muß etwas sein, was im Seelischen erfaßt wird. In der Bildlichkeit, aus Atavismus
heraus hatten die heidnischen Völker in alten Kultur-
formen die Mythen. Das jüdische Volk hatte seine
Abstraktionen – nicht Mythen, sondern Abstraktionen –: das Gesetz. Das hat sich fortgesetzt. Das war
das erste Heraufheben des Menschen in die Vorstel-
lungskraft, in die Denkkraft. Aber von seiner jetzigen Anschauung, in der nur noch nachlebt «Du sollst
dir kein Bild machen», muß der Mensch zurückkeh-
ren zu jener Fähigkeit der Seele, die sich wiederum,
und zwar jetzt bewußt, Bilder machen kann. Denn
nur in Bildern, in Imaginationen, wird in Zukunft in
richtiger Weise auch das soziale Leben aufgestellt
werden. In Abstraktionen konnte das soziale Leben
nur völkisch geregelt werden, und das eminenteste
völkische Regeln in sozialer Beziehung war das alttestamentliche. Das nächste Regeln des sozialen Lebens wird abhängen von der Fähigkeit, in bewußter

Weise dieselbe Kraft auszuüben, die in der mythen-
bildenden Eigenschaft des Menschen unbewußt oder
halbbewußt, atavistisch lag. Die Menschen würden
sich ganz mit antisozialen Trieben anfüllen, wenn sie
dabei stehenbleiben wollten, bloße abstrakte Gesetze
zu verbreiten. Die Menschen müssen durch ihre
Weltanschauung zur Bildlichkeit kommen, dann
wird aus dieser bewußten Mythusbildung auch die
Möglichkeit erstehen, daß im Verkehr von Mensch
zu Mensch das Soziale sich ausbildet.

Sie können sich ein Bild anschauen, wie die «Gruppe» es ist: der Menschheitsrepräsentant, Luzifer, Ahriman. Da haben Sie erst dasjenige vor sich, was im
ganzen Menschen wirkt, denn der Mensch ist der
Gleichgewichtszustand zwischen dem Luziferischen
und dem Ahrimanischen. Durchdringen Sie sich im
Leben mit dem Impuls, jedem Menschen so gegenüberzutreten, daß Sie diese Trinität in ihm sehen,
konkret in ihm sehen, dann fangen Sie an, ihn zu
verstehen. Und das ist eine wesentliche Kraft, die
sich in diesem fünften nachatlantischen Zeitraum
entwickeln will, daß wir nicht mehr so aneinander
vorbeigehen wie ein Gespenst an dem andern, so daß
wir uns kein Bild voneinander machen, sondern nur
aus unseren abstrakten Begriffen den andern Menschen definieren. Etwas anderes tun wir nämlich jetzt
nicht, wir gehen aneinander vorbei wie Gespenster.
Das eine Gespenst macht sich die Vorstellung: Das ist
ein netter Kerl – das andere: Das ist ein weniger netter Kerl, das ist ein böser Mensch, das ist ein guter

Mensch – lauter solche abstrakte Begriffe. Wir haben in dem Verkehr von Mensch zu Mensch nichts anderes als ein Bündel abstrakter Begriffe. Das ist das Wesentliche, was von der Regel des Alttestamentlichen «Du sollst dir kein Bild machen» in dem Menschen entstanden ist und was im eminentesten Sinne zum antisozialen Leben führen müßte, wenn wir es fortsetzen würden. Was aus dem Innersten des Menschen herausstrahlt, was sich verwirklichen will, ist, daß, wenn ein Mensch dem andern gegenübertritt, gewissermaßen aus dem andern Menschen ein Bild herausquillt, ein Bild jener besonderen Art des Gleichgewichtszustandes, den individuell jeder Mensch ausdrückt. Dazu gehört allerdings jenes erhöhte Interesse, welches ich Ihnen als die Grundlage des sozialen Lebens öfter geschildert habe, jenes erhöhte Interesse, das der Mensch am andern Menschen nehmen soll. Wir haben heute noch kein intensives Interesse am andern Menschen, daher kritisieren wir ihn, daher beurteilen wir ihn, daher machen wir uns Urteile nach Sympathien und Antipathien, nicht nach dem objektiven Bilde, das uns aus dem anderen Menschen entgegenspringt.

Diese Fähigkeit, daß wir gewissermaßen mystisch angeregt werden, indem wir dem andern Menschen gegenübertreten, diese Fähigkeit will sich verwirklichen. Und sie wird als ein besonderer sozialer Trieb in das Leben eintreten. Auf der einen Seite strebt die Bewußtseinsseele danach, antisozial zur vollen Geltung zu kommen in diesem fünften nachatlantischen

Zeitraum. Auf der anderen Seite strebt etwas anderes aus dem Innern des Menschen hervor, sich Bilder zu machen von den Menschen, mit denen wir leben, die uns begegnen im Leben. Soziale Triebe, soziale Impulse – diese Dinge liegen eben viel tiefer, als man gewöhnlich meint, wenn man von Sozialem und Antisozialem spricht.

Nun kann in Ihnen die Frage auftauchen: Wodurch gewinnen wir allmählich die Fähigkeit, daß uns das Bild des Menschen entgegenspringt? Wir müssen uns diese Fähigkeit im Leben aneignen. Jahve-Fähigkeiten sind uns mit der Geburt gegeben, die entwickeln wir im Embryonalleben. Die spätere Kultur wird es dem Menschen nicht so bequem machen; er muß dasjenige, was er als Fähigkeiten darleben soll, im Laufe des Lebens auch entwickeln. In die Erziehung müssen viel konkretere, viel bestimmtere Maximen eintreten als diejenigen, die heute so verworren in der Pädagogik geltend gemacht werden. Vor allen Dingen muß der Trieb in den Menschen eingepflanzt werden, öfter in seinem Leben zurückzuschauen, aber in der rechten Weise. Was der Mensch als Erinnerungen früherer Erlebnisse oftmals entwickelt, hat ja heute meistens noch einen sehr selbstischen Charakter. Sieht man mehr selbstlos zurück auf das, was man in Kindheit, Jugendzeit und so weiter erlebt hat, je nach dem Alter, das man erreicht hat, dann tauchen wie aus grauer Geistestiefe verschiedene Menschen auf, die nach den verschiedensten Verhältnissen hin an unserem Leben Anteil gehabt haben. Schauen Sie zurück, meine lieben Freunde, in den Verlauf Ihres Lebens, weniger in sich selbst verschlossen und auf das hin, was Sie gerade an Ihrer eigenen werten Person interessiert, sondern vielmehr nach denjenigen Gestalten, die an Sie herangetreten sind, Sie erziehend, sich mit Ihnen befreundend, Sie fördernd, Ihnen vielleicht auch schadend, manchmal in sehr nützlicher Weise schadend. An dem, was da aus grauer Geistestiefe aufsteigt, was zu uns herankommt, wird Ihnen eines aufgehen: wie wenig der Mensch im Grunde genommen Veranlassung dazu hat, sich selber zuzuschreiben, was er geworden ist. Oftmals hängt etwas Wichtiges, das in uns ist, damit zusammen, daß uns in einem gewissen Zeitalter der oder jener Mensch begegnet ist und vielleicht ohne sein eigenes Wissen – oder auch sehr mit seinem eigenen Wissen – uns auf dieses oder jenes aufmerksam gemacht hat. In umfassendem Sinne setzt sich eine wirklich selbstlos getriebene Rückschau auf das Leben aus allem möglichen zusammen, was uns nicht veranlaßt, uns selbstisch in uns selbst zu vertiefen, über uns selber selbstisch zu brüten, sondern den Blick über diejenigen Gestalten auszudehnen, die an uns herangetreten sind. Vertiefen wir uns recht liebevoll in das, was an uns herangetreten ist. Wir werden oftmals sehen, daß dasjenige, was uns antipathisch in einem bestimmten Zeitraume berührt hat, wenn nur genügend Zeit hinterher vergangen ist, uns nicht mehr so antipathisch berührt, weil wir einen inneren Zusammenhang sehen. Daß wir auch einmal von diesem oder jenem Menschen antipathisch berührt werden mußten, konnte uns vielleicht ganz nützlich sein. Wir gewinnen manchmal mehr von dem, was uns ein Mensch antut, als von dem, worinnen uns ein Mensch fördert. Es würde dem Menschen viel nützen, wenn er solche selbstlose Rückschau auf das Leben öfter hielte, wenn er das Leben durchtränken würde von der aus dieser Selbstschau quellenden Überzeugung: Wie wenig habe ich eigentlich Veranlassung, mich mit mir selbst zu beschäftigen! Wie unendlich reicher wird mein Leben, wenn ich den Blick hinschweifen lasse über diese und jene Gestalten, die in dieses mein Leben eingetreten sind. – Dann lösen wir uns gewissermaßen von uns selber los, wenn wir solche selbstlose Rückschau halten. Dann kommen wir von dem furchtbaren Übel unserer Zeit, das so viele Menschen befällt, von dem Brüten über uns selbst hinweg. Und das ist so unendlich notwendig, daß wir von dem Brüten über uns selber loskommen. Wer nur einmal ergriffen ist von solcher Selbstschau, wie ich sie jetzt geschildert habe, der wird sich selber viel zu uninteressant, als daß er über sein eigenes Leben allzuviel brüten möchte. Unendliches Licht breitet sich über dieses unser Leben aus, wenn wir es bestrahlt sehen von demjenigen, was aus grauer Geistestiefe in dieses Leben eintritt.

Das aber befruchtet uns so, daß wir wirklich die imaginativen Kräfte erhalten, dann auch dem gegenwärtigen Menschen so gegenüberzutreten, daß uns in ihm dasjenige erscheinen kann, was uns sonst erst nach Jahren in der Rückschau von den Gestalten erscheint, mit denen wir zusammengelebt haben. Wir erwerben uns dadurch die Fähigkeit, daß uns wirklich Bilder aus dem Menschen entgegentreten, dem wir begegnen.

Nicht so sehr hängt die Pflege des sozialen Lebens, die früher eigentlich nur aus den Blutsbanden hervorging, mit irgendwelchen sozialistischen Programmen zusammen, sondern damit hängt sie zusammen, daß der Mensch ein spirituell-soziales Wesen wird. Das wird er aber dadurch, daß er die tieferen Kräfte auf die geschilderte Weise in sich erweckt, welche in ihm das bildhafte Vorstellen des andern Menschen anregen. Sonst werden wir immer antisoziale Wesen bleiben, welche sich nur nach Sympathien und Antipathien dem Menschen, mit dem sie zusammen leben sollen, nähern können, und sich ihm nicht nähern können nach dem Bilde, das aus jedem hervorquellen kann, wenn wir nur selbst die Bilderkräfte im Verkehr mit den Menschen entwickeln. Gerade im sozialen Menschenleben muß die Maxime auftreten: Du sollst dir ein Bild von deinem Mitmenschen machen. Dann aber, wenn wir uns ein Bild von unserm Mitmenschen machen, dann bereichern wir unser Seelenleben; dann übergeben wir mit jeder menschlichen Bekanntschaft unserem inneren Seelenleben einen Schatz. Dann leben wir nicht mehr, der A da, der B da, der C da, sondern dann leben der A, B und C in dem D, der A, B, D in dem C, der C, D, E in dem A, und so weiter. Wir gewinnen die Möglichkeit, daß in uns die anderen Menschen leben. Aber das muß erworben werden; das ist etwas, was uns nicht angeboren wird. Und würden wir fortfahren, nur diejenigen Eigenschaften zu pflegen, die uns angeboren sind, so würden wir nur bei einer Blutskultur bleiben, nicht bei einer Kultur, die im wahren Sinne des Wortes von der menschlichen Brüderlichkeit sprechen kann. Denn von der menschlichen Brüderlichkeit, die zunächst nur wie ein abstraktes Wort aufgetreten ist, können wir nur dann sprechen, wenn wir den andern Menschen in uns tragen wie uns selber. Wenn wir uns ein Bild von dem andern machen, das als Schatz unserer Seele eingepflanzt wird, dann tragen wir auf seelischem Gebiete etwas von ihm herum, wie wir von dem leiblichen Bruder etwas herumtragen durch das Blut. An die Stelle der bloßen Blutsverwandtschaft muß auf diese konkrete Weise die Wahlverwandtschaft treten als die Grundlage des sozialen Lebens. Das ist etwas, was sich wirklich entwickeln muß. Von dem menschlichen Willen muß es abhängen, wie die Brüderlichkeit unter den Menschen erwacht. Deshalb aber, weil so die Brüderlichkeit erwachen wird, muß eine Kompensation da sein auf ganz anderem Gebiete, und zwar durch die Gedankenfreiheit.

Die Menschen waren bisher getrennt. Sie sollen in Brüderlichkeit sich sozialisieren. Damit die Mannigfaltigkeit nicht verlorengeht, muß gerade das, was innerstes Element ist, der Gedanke, in jedem individuell sich gestalten können. Mit Jahve stand das ganze Volk in Beziehung. Mit Christus muß jeder einzelne in Beziehung stehen.

IV.

SOZIALE UND ANTISOZIALE TRIEBE IM MENSCHEN (AUSZUG)

Bern, 12. Dezember 1918

… Ich möchte wenigstens vom Standpunkte der Volkspädagogik einen Satz besprechen, und das ist der: Wie können wir überhaupt den sich auf naturgemäße Weise entwickelnden antisozialen Trieben die sozialen Triebe entgegenstellen, bewußt entgegenstellen? Wie können wir sie so kultivieren, daß sich wirklich in uns anspinnt und immer weiter- und weitergeht und uns keine Ruhe läßt, wenn es nicht weitergeht, das Interesse von Mensch zu Mensch, das gerade in unserem Zeitalter der Bewußtseinsseele furchtbar geschwunden ist? Es sind ja Abgründe in unserem Zeitalter schon aufgerissen zwischen Mensch und Mensch. In einer Weise, wie es die Menschen gar nicht ahnen, gehen sie heute aneinander vorbei, ohne sich im geringsten zu verstehen. Die Sehnsucht, wirklich einzugehen auf den anderen Menschen, auf seine besondere Eigentümlichkeit, die ist heute eine sehr geringe. Wir haben auf der einen Seite den Schrei der Sozialität und auf der anderen

Seite immer mehr und mehr das Einreißen des reinen antisozialen Triebes. Wie blind heute die Menschen aneinander vorbeigehen, das sieht man dann, wenn diese Menschen in den mannigfaltigsten Gesellschaften und Sozietäten sich vereinigen. Die sind heute oftmals für die Menschen durchaus nicht eine Gelegenheit, Menschenkenntnis sich zu erwerben. Die Menschen können heute jahrelang mit anderen Menschen zusammensein und sie nicht genauer kennen, als sie sie kannten, als sie mit ihnen bekannt geworden sind. Gerade das ist notwendig, daß man, ich möchte sagen, in systematischer Weise in Zukunft zu dem Antisozialen das Soziale bringt. Innerlichseelisch gibt es dafür verschiedene Mittel, unter anderem, wenn wir versuchen, öfter einmal im Leben auf unser eigenes diesmaliges Leben, auf die diesmalige Inkarnation zurückzublicken, wenn wir zu überschauen versuchen dasjenige, was sich abgespielt hat in unserem Leben zwischen uns und anderen Menschen, die in dieses Leben hereingetreten sind. Wenn wir da ehrlich sind heute, werden wir uns, wenigstens die meisten Menschen, sagen: Dieses Hereintreten von vielen Menschen in unser Leben, das betrachten wir heute doch zumeist so, daß wir unsere eigene Person auch in den Mittelpunkt unserer Lebensrückschau stellen. Was haben wir gehabt von dieser oder jener Person, die in unser Leben eingetreten ist? Das fragen wir uns ganz empfindungsgemäß. Das ist gerade etwas, was wir bekämpfen sollten. Wir sollten versuchen, im Bilde auftauchen zu lassen vor unserer Seele die Personen, die als Lehrer, Freunde, sonstige Förderer in unser Leben eingriffen, oder solche Personen, die uns geschädigt haben und denen wir von gewissen Gesichtspunkten aus manchmal mehr verdanken als jenen, die uns genützt haben. Diese Bilder sollten wir vor unserer Seele vorüberziehen lassen, uns ganz lebendig vorstellen, was jeder an unserer Seite für uns getan hat. Und wir werden sehen, wenn wir auf diese Weise verfahren, daß wir allmählich uns selber vergessen lernen, daß wir finden, wie eigentlich fast alles, was an uns ist, gar nicht da sein könnte, wenn nicht diese oder jene Personen fördernd oder lehrend oder sonst irgendwie in unser Leben eingegriffen hätten. Dann erst, namentlich wenn wir zurückschauen auf länger vergangene Jahre und auf die Personen, mit denen wir vielleicht nicht mehr in Beziehung stehen, denen gegenüber wir leichter zur Objektivität kommen, wird sich uns zeigen, wie die seelische Substanz unseres Lebens aufgesogen wird von dem, was auf uns Einfluß genommen hat. Unser Blick erweitert sich über eine Schar, die im Laufe der Zeit an uns vorübergegangen ist. Wenn wir versuchen, Sinn dafür zu entwickeln, wieviel wir zu danken haben der einen oder der anderen Person, versuchen, in dieser Weise uns selber im Spiegel derjenigen zu sehen, die im Laufe der Zeit auf uns gewirkt haben und mit uns zusammen waren, dann löst sich allmählich – wir werden das erfahren können – ein Sinn von uns los, der im folgenden besteht: Weil wir uns geübt haben, Bilder von in der Vergangenheit mit uns zusammenhängenden Persönlichkeiten zu finden, so löst sich von unserer Seele ein Sinn los, nun auch dem Menschen gegenüber zu einem Bilde zu kommen, dem wir in der Gegenwart gegenübertreten, dem wir dann von Angesicht zu Angesicht in der Gegenwart gegenüberstehen. Und das ist das ungeheuer Wichtige, daß in uns der Trieb erwacht, nicht bloß den Menschen, wenn wir ihm gegenüberstehen, nach Sympathien und Antipathien zu empfinden, nicht bloß in uns den Trieb erwachen zu lassen, irgend etwas am Menschen zu lieben oder zu hassen, sondern ein liebe- und haßfreies Bild, wie der Mensch ist, in uns zu erwecken. Sie werden vielleicht nicht empfinden, daß das, was ich jetzt sage, etwas ungeheuer Wichtiges ist. Es ist etwas Wichtiges. Denn diese Fähigkeit, ohne Haß und Liebe ein Bild des anderen Menschen in sich gegenwärtig zu machen, den anderen Menschen seelisch in sich auferstehen zu lassen, das ist eine Eigenschaft, die mit jeder Woche in der Entwickelung der Menschen, ich möchte sagen, mehr oder weniger dahinschwindet, das ist etwas, was die Menschen nach und nach ganz verlieren. Sie gehen aneinander vorbei, ohne daß der Trieb in ihnen erwacht, den anderen Menschen in sich auferwachen zu lassen. Das ist aber etwas, was bewußt gepflegt werden muß. Das ist etwas, was auch in die Kinder- und Schulpädagogik einziehen muß: diese Fähigkeit, am Menschen das imaginative Vermögen zu entwickeln. Denn am Menschen können wir zunächst wirklich das imaginative Vermögen entwickeln, wenn wir uns nicht scheuen, statt dessen, was heute in den Sensationen des Lebens angestrebt wird, still in uns selbst jene Rückschau zu machen, die uns die vergangenen Beziehungen zu den Menschen vor die Seele stellt. Dann werden wir auch in die Lage kommen, imaginativ uns zu verhalten zu den Menschen, die in der Gegenwart uns gegenübertreten. Dann stellen wir den sozialen Trieb dem entgegen, was sich ganz notwendig und unbewußt immer mehr entwickelt: dem antisozialen Trieb. Das ist das eine.

Das andere ist etwas, was mit dieser Rückschau der Beziehungen zu Personen verknüpft werden kann: daß wir versuchen, uns selber immer objektiver zu werden. Da müssen wir wiederum in frühere Zeiten zurückgehen. Da können wir aber, ich möchte sagen, direkt losgehen auf die Tatsachen selbst, zum Beispiel darüber nachdenken, wenn Sie, sagen wir, dreißig, vierzig Jahre alt sind: Ja, wie war es denn damals, als ich zehn Jahre alt war? Ich will mich zuerst einmal so ganz in der Situation drinnen vorstellen, ich will mich so vorstellen, wie wenn ich einen anderen zehnjährigen Jungen oder ein zehnjähriges Mädchen mir vorstelle; ich will einmal vergessen, daß ich das gewesen bin, ich will mich wirklich bemühen, mich zu verobjektivieren. Dieses Sich-Verobjektivieren, dieses sich in der Gegenwart Loslösen von seiner Vergangenheit, dieses Herausschälen des Ich aus seinen Erlebnissen, das müssen wir in der Gegenwart besonders anstreben; denn die Gegenwart hat die

Tendenz, das Ich immer mehr und mehr zu verknüpfen mit den Erlebnissen. Heute will der Mensch ganz instinktiv das sein, was ihm seine Erlebnisse geben. Deshalb ist es ja so schwer, die Aktivität zu erlangen, welche die Geisteswissenschaft gibt. Da muß man jedesmal neu den Geist anstrengen, da kann man sich nicht aufs Behalten verlegen. – Sie werden ja auch wirklich bemerken: mit dem Behalten, mit dem bequemen Behalten läßt sich in der wahren Geisteswissenschaft nichts machen. Man vergißt die Dinge, muß sie immer wieder pflegen; das ist aber gerade gut, das ist gerade das Richtige, daß man sich immer von neuem anstrengen muß. Derjenige nämlich, der recht fortgeschritten ist gerade in bezug auf das geisteswissenschaftliche Gebiet, der versucht jeden Tag, die allerelementarsten Dinge sich vor Augen zu führen; die andern schämen sich, dies zu tun. In der Geisteswissenschaft soll nichts davon abhängen, daß man sich die Sache gedächtnismäßig merkt, weil ja alles darauf ankommt, daß man es im unmittelbaren Erleben der Gegenwart anfaßt. Und so handelt es sich darum, daß wir uns gerade zu dieser Fähigkeit hinordnen dadurch, daß wir uns verobjektivieren, daß wir uns diesen Kerl oder diese Kerlin so vorstellen, als wenn es ein uns fremdes Wesen in früheren Lebensaltern wäre, uns immer mehr bemühen, loszukommen von den Erlebnissen, immer weniger und weniger als Dreißigjähriger noch so zu sein, daß eigentlich nur die Impulse des Zehnjährigen noch nachspuken. Uns loslösen von unserer Vergangenheit, das ist nicht etwas, was unsere Vergangenheit verleugnen heißt – wir gewinnen sie auf andere Weise wiederum zurück; aber das ist etwas, was ungeheuer wichtig ist. Also auf der einen Seite pflegen wir bewußt den sozialen Trieb, den sozialen Impuls, indem wir uns die Imaginationen für den Menschen der Gegenwart verschaffen dadurch, daß wir auf die Menschen, die in der Vergangenheit in Beziehung mit uns gewesen sind, hinsehen und uns selber seelisch wie das Produkt dieser Menschen ansehen. Auf der anderen Seite gewinnen wir durch unsere Verobjektivierung die Möglichkeit, direkt die Imagination von uns selbst zu entwickeln. Diese Verobjektivierung in frühere Zeiten nützt uns dann, wenn sie nicht unbewußt in uns wirkt. Denken Sie nur: Wenn unbewußt der zehnjährige Kerl oder die zehnjährige Kerlin in Ihnen weiterwirkt, so sind Sie, der Dreißigjährige oder Vierzigjährige, vermehrt um den Zehnjährigen; aber Sie sind auch vermehrt um den Elf-, Zwölfjährigen und so weiter. Der Egoismus ist ungeheuer potenziert. Er wird immer geringer und geringer, wenn Sie das Frühere von sich absondern, wenn Sie es verobjektivieren, wenn es mehr Gegenstand wird. Das ist das, was bedeutungsvoll ist, was wir ins Auge fassen müssen.

Und so wird Grundvoraussetzung sein – das sollte heute eigentlich dem Volke, das unverständig, in illusionistischer Weise soziale Forderungen erhebt, immer klarer und klarer gemacht werden –: Es sollte Einsicht herrschen, wie der Mensch erst sich selber zum sozial wirkenden Wesen macht in dem Zeitalter, in dem gerade die antisozialen Triebe zur Erhöhung der Menschennatur herauskommen müssen.

Was wird dann geschaffen? Die ganze Bedeutung dessen, was ich jetzt auseinandergesetzt habe, finden Sie, wenn Sie folgendes bedenken. Sehen Sie, 1848, da erschien die erste gewissermaßen wirksame Schrift, die heute nachwirkt selbst im radikalsten Sozialismus, im Bolschewismus: «Das Kommunistische Manifest» von *Karl Marx,* worin zusammengefaßt war dasjenige, was in den Köpfen und auch in den Herzen des Proletariers vielfach herrscht. Karl Marx hat die proletarische Welt zu erobern vermocht aus dem einfachen Grunde, weil er das gesagt hat, was der Proletarier versteht, was er dadurch, daß er proletarisch ist, denkt. 1848 ist dieses «Kommunistische Manifest», dessen Inhalt ich Ihnen nicht auseinanderzusetzen brauche, erschienen. Es war das erste Dokument, die erste Aussaat zu dem, was jetzt, nachdem andere widerstrebende Dinge zerstört worden sind, eben als Frucht aufgeht. Ein Wort enthält dieses Dokument, einen Satz, den Sie heute fast in jeder sozialistischen Schrift zitiert finden: «Proletarier aller Länder, vereinigt euch!» Das ist ein Satz, der durch alle möglichen sozialistischen Vereinigungen ging: «Proletarier aller Länder, vereinigt euch!» Was drückt er denn aus? Er drückt aus das Allerunnatürlichste, das man sich für unser Zeitalter denken kann. Er drückt aus einen Impuls für die Sozialisierung, für die Vereinigung einer gewissen Menschenmasse. Worauf soll diese Vereinigung, diese Sozialisierung gebaut werden? Auf den Gegensatz, auf den Haß gegen diejenigen, die nicht Proletarier sind. Die Sozialisierung, das Zusammensein der Menschen, soll gebaut werden auf dem Auseinandersein! Sie müssen das nur bedenken, und Sie müssen die Realität dieses Prinzips verfolgen in dem, was heute als reale Illusion – wenn ich den Ausdruck gebrauchen darf, Sie werden ihn verstehen – zuerst in Rußland aufgetreten ist, jetzt auch in Deutschland, in den österreichischen Ländern, und immer weiter- und weiterfressen wird. Deshalb ist es das Unnatürlichste, weil es auf der einen Seite ausdrückt die Notwendigkeit der Sozialisierung und auf der andern Seite diese Sozialisierung gerade gebaut wird auf dem antisozialsten Instinkt, nämlich dem Klassenhaß, dem Klassengegensatz.

Solche Dinge muß man aber eben nur im höheren Lichte betrachten, sonst kommt man nicht weit; sonst kommt man vor allen Dingen nicht zu einem heilsamen Eingreifen in den Gang der Menschheitsentwickelung an dem Platze, an dem man steht. Und es gibt heute kein Mittel außer der Geisteswissenschaft, diese Dinge wirklich im umfassenden Sinne zu sehen, das heißt, seine Zeit zu verstehen. Geradeso wie man sich davor scheut, einzugehen auf das, was als Geist und Seele dem physischen Menschen zugrunde liegt, so scheut man sich, so will man auch – weil man Furcht hat, mutlos ist – nicht eingehen auf dasjenige, was man im sozialen Leben nur mit dem

Geist erfassen kann. Die Leute fürchten sich davor, machen sich Binden vor die Augen, stecken, wie der Vogel Strauß, den Kopf in den Sand vor solchen allerdings sehr realen, bedeutungsvollen Dingen: daß wenn Mensch dem Menschen gegenübersteht, der eine Mensch immer einzuschläfern bemüht ist, und der andere Mensch sich immerfort aufrecht erhalten will. Das ist aber, um im Goetheschen Sinne zu sprechen, das Urphänomen der Sozialwissenschaft. ...

NACHWORT

Die Bildnatur des Menschen und die Entwicklung
sozialen Interesses

> Wir sehen itzt durch einen Spiegel in einem
> dunklen Wort, dann aber von Angesicht zu
> Angesicht. Jetzt erkenn ich's stückweise, dann
> aber werde ich's erkennen, gleich wie ich er-
> kannt bin.
>
> *1.Kor. 13,12*

Im ersten der hier abgedruckten Vorträge findet sich
ein Schlüsselwort für die uns beschäftigende Thema-
tik von der sogenannten «Bildnatur» des Menschen:
«Wer Kunst wirklich innerlich erlebt, der durchdringt
sich mit etwas, was ihn befähigt, den Menschen nach ...
der Richtung der menschlichen Bildnatur aufzufassen
... Das geistige Urbild des Menschen müssen wir
durchschauen lernen durch seine Bildnatur. Durchsichtig gewissermaßen wird gegen die Zukunft hin der
Mensch dem Menschen werden.» (S. 26)

Was heißt das: den Menschen nach seiner Bildnatur
aufzufassen, ihn als durchsichtig zu erleben? Rudolf
Steiner weist dabei auf die Kunst hin, wenden wir uns
also zunächst derselben zu.

Stehen wir etwa vor einem Gemälde Monets das die japanische Brücke in seinem Garten in Giverny darstellt, so kann es bei geringem Abstand geschehen, daß wir auf der Leinwand nur die dick aufgetragenen Ölfarben sehen. Wir sehen einzelne Farbflächen und Farbflecken, aber noch kein zusammenhängendes Bild. Erst bei etwas größerem Abstand erscheint uns eine Silhouette, die wir bei genauerer Betrachtung als eine Brücke identifizieren. Aber sehen wir die Brücke in Monets Garten? Nein. Wir sehen ein Bild derselben. Aber nicht einmal das. Denn würden wir die auf dem Gemälde befindliche mit der Originalbrücke in Monets Garten vergleichen, so fänden wir dabei beträchtliche Unterschiede. Es müßte schon eine Fotografie sein, wenn wir von einem wirklichen Bild sprechen wollten. Was also sehen wir? Das Bild, das sich Monet von der Brücke gemacht hat. – Aber auf der Leinwand sind doch nur physische Ölfarben, was haben die mit dem Bild in Monets Kopf zu tun? – Die Farben auf der Leinwand werden beim Betrachten gewissermaßen durchsichtig, sie leiten uns und führen uns in den Prozeß der Entstehung des Bildes in Monet selbst zurück. Sie zeigen uns «sein» Bild der japanischen Brücke.

Echte Kunst hat also im Betrachten immer etwas Urschöpferisches, weil sie uns in den Vorgang der Schöpfung des Kunstwerkes hineinversetzt. Wir werden im Betrachten eins mit dem Schöpfer, ja mit dem Akt der Schöpfung.

Übertragen wir dieses Erleben der Kunst nun auf

die Begegnung mit einem anderen Menschen, so wie es Rudolf Steiner fordert, so können wir erneut fragen: Wie und wofür kann uns das menschliche Gegenüber durchsichtig werden?

Steiner deutet ja in dem anfangs zitierten Zusammenhang auf das «Urbild» des Menschen, vergleichbar etwa mit dem Bild, das Monet in sich trug, als er die Brücke in seinem Garten malte. Also können wir fragen: Wer hat denn das Bild, als das sich der andere Mensch vor uns hinstellt, gemalt? Und wo steckt das Urbild des Menschen?

Dabei müssen wir noch unterscheiden: das Urbild des Menschen schlechthin und das Urbild dieses einen Menschen, der vor uns steht. Betrachten wir zunächst das Erstere.

In der Genesis können wir den bekannten Satz lesen: «Und Gott sprach: Laßt uns den Menschen machen nach unserem Bilde, uns ähnlich.» (Gen. 1,26) Der Erschaffung des Menschen geht, wie dem Gemälde Monets, ein Bild voraus, das Bild, das sich der Künstler, Gott, vom Menschen macht. Und dieses Bild ist ein Abbild seiner selbst, denn der Mensch soll «Gott ähnlich» geschaffen werden.

Dieses Urbild des Menschen wird in der Folge aber dadurch verdunkelt, daß der Mensch der Versuchung durch die Schlange, Luzifer, verfällt, durch den Sündenfall. Steiner drückt das so aus, daß das Urbild des Menschen die Form des physischen Leibes ist, die aber als eine kristalline Form ursprünglich vollständig durchsichtig gewesen sei. Sie erfüllt sich durch den Sündenfall, den Fall in die Materie, mit physisch sichtbaren Stoffen und wird dadurch gewissermaßen verunreinigt. Der Mensch als sichtbare Gestalt ist also im steinerschen Sinne ein Ergebnis des Sündenfalls. Die Folge der Sichtbarkeit seiner Gestalt ist aber gleichzeitig die Tatsache ihrer Vergänglichkeit, des Todes.

Steiner beschreibt nun die weitere Entwicklung des Menschen in der Konsequenz des Sündenfalls tatsächlich als eine auf den Tod zulaufende, nicht nur leiblich, sondern auch seelisch-geistig. Es war für ihn daher von großer Bedeutung, den Wendepunkt der Menschheitsentwicklung, den Tod und die Auferstehung des Christus-Jesus genauer zu untersuchen und zu verstehen: Das von Steiner als «Phantom» bezeichnete Urbild des Menschen wird durch die Auferstehung des Christus-Jesus wieder hergestellt.

Dieser Grundgedanke der Christologie Steiners, der in den Karlsruher Vorträgen *Von Jesus zu Christus* (1911, GA Bibl. Nr. 131) genauer beschrieben wird, ist für den weiteren Fortgang unserer Betrachtung entscheidend. Steiner stellt dar, daß der Leib des Jesus von Nazareth durch den Christus-Impuls gewissermaßen von den ihm noch anhaftenden physisch sichtbaren Stoffen gereinigt wurde. Das bedeutet gleichzeitig den Tod, wobei aber die Urform des menschlichen Leibes, das «Phantom» , in kristallin reiner Form wieder hergestellt wird. Dieser Vorgang ist in den Evangelien als die Auferstehung beschrieben. Vor den Jüngern steht, folgt man Steiner, der wiederhergestellte urspüngliche physische Leib, der «Auferstehungsleib».

Was bedeutet dieser komplexe, historisch-mensch-heitliche Vorgang für den von uns befragten Zusammenhang, daß der Mensch dem Menschen gewissermaßen durchsichtig werden soll? Der Mensch wird, wenn er vom anderen Menschen geistig erfaßt oder erkannt wird, durchsichtig für sein Urbild, das heißt aber gleichzeitig für das durch Christus erneuerte menschliche Urbild.

Diese christologische Dimension des einfachen Vorganges der menschlichen Begegnung und des Interesses am anderen beschreibt Steiner im ersten Anhang zur *Philosophie der Freiheit*, den er ebenfalls 1918 verfaßt hat, philosophisch so: «Was habe ich denn zunächst vor mir, wenn ich einer anderen Persönlichkeit gegenüberstehe? Ich sehe auf das Nächste. Es ist die mir als Wahrnehmung gegebene sinnliche Leibeserscheinung der anderen Person; dann noch etwa die Gehörwahrnehmung dessen, was sie sagt, und so weiter. Alles dies starre ich nicht bloß an, sondern es setzt meine denkende Tätigkeit in Bewegung. Indem ich denkend vor der anderen Persönlichkeit stehe, kennzeichnet sich mir die Wahrnehmung gewissermaßen als seelisch durchsichtig. Ich bin genötigt, im denkenden Ergreifen der Wahrnehmung mir zu sagen, daß sie dasjenige gar nicht ist, als was sie den äußeren Sinnen erscheint. Die Sinneserscheinung offenbart in dem, was sie unmittelbar ist, ein anderes, was sie mittelbar ist. Ihr Sich-vor-mich-Hinstellen ist zugleich ihr Auslöschen als bloße Sinneserscheinung. Aber was sie in diesem Auslöschen zur Erscheinung bringt, das zwingt mich als denkendes Wesen, mein Denken für die Zeit ihres Wirkens auszulöschen und an dessen Stelle ihr Denken zu setzen. Dieses ihr Denken aber ergreife ich in meinem Denken als Erlebnis wie mein eigenes. Ich habe das Denken des anderen wirklich wahrgenommen, denn die als Sinneserscheinung sich auslöschende unmittelbare Wahrnehmung wird von meinem Denken ergriffen, und es ist ein vollkommen in meinem Bewußtsein liegender Vorgang, der darin besteht, daß sich an die Stelle meines Denkens das andere Denken setzt. Durch das Sich-Auslöschen der Sinneserscheinung wird die Trennung zwischen den beiden Bewußtseinssphären tatsächlich aufgehoben.»

An dieser Stelle wird nochmals deutlich, daß Steiner, wenn er vom Denken spricht, nicht ein einfach alltägliches meint, sondern ein Denken mit Tiefendimension, das geschult und entwickelt werden muß. Wie im Vorwort zu diesen Vorträgen bereits erwähnt, hat das Denken zwei Seiten: die uns von der Welt trennende und die uns mit der Welt verbindende. Die eine Seite unseres Denkens läßt uns wach werden, hier trennen wir uns von der Welt, nehmen sie als eine materiell konstituierte wahr. Die andere Seite, die unbemerkt bleibt, wenn wir sie nicht willentlich ergreifen, verbindet uns mit der Welt. Auf die menschliche Begegnung bezogen heißt das: Im Vorgang des Verschmelzens mit dem Denken des anderen üben wir

Sympathie aus, schlafen wir quasi in den anderen hinein; im Vorgang des Sich-wieder-Lösens stellen wir uns ihm wachend, antipathisch gegenüber. Beides wechselt sich in schneller Folge ab und ermöglicht das mitmenschliche Verstehen.

Steiner nennt es das «soziale Urphänomen». (S. 110)

Verstehen bedeutet aber auch, den anderen nicht nur als Menschen in seiner Urbildlichkeit, sondern als Person, als einzelnen wahrzunehmen. Damit kommen wir zum zweiten Aspekt der Urbildlichkeit, zum Urbild des vor mir stehenden einzelnen Menschen. Konkreter wird das, was wir vom anderen erleben, dadurch, daß wir uns in der im dritten Vortrag beschriebenen Rückschau in den Verlauf unseres eigenen Schicksals vertiefen. Die dabei immer mehr ins Bewußtsein tretende Willenssphäre macht uns aufmerksam auf die uns aus der Zukunft, aus der Peripherie, entgegenströmenden Schicksalsereignisse.

Hier handelt es sich darum, die Willenssphäre durch das denkende Bewußtsein aufzuhellen. Ging es vorher darum, das Denken durch seine Willenskomponente zu vertiefen, den Willen ins Denken zu bringen, so geht es jetzt umgekehrt darum, das Denken in den Willen strömen zu lassen.

Die von Steiner erwähnte Übung der Rückschau bewirkt genau dieses: In der Verfolgung meines Schicksales bemerke ich mit meinem Denken, was mich im Wollen, zumeist unbewußt, geführt hat. Treten wir so vorbereitet einem anderen Menschen gegenüber, so kann sich die Begegnung vertiefen: Wir erfassen nicht nur seine Individualität, wir bemerken, wenn auch nur unterschwellig, wie wir schicksalsmäßig mit ihm verbunden sind.

Diesen Aspekt des Verstehens des Schicksals des anderen Menschen hat Steiner in den sogenannten «Karmavorträgen» des Jahres 1924 weiter vertieft. Auf sie sei hier nur als Ausblick hingewiesen. Im hier gemeinten Zusammenhang vertieft sich durch den beschriebenen Prozeß das Interesse am anderen, kommt uns doch mit jeder Begegnung auch ein Teil unseres eigenen Selbstes entgegen, das wir eben nicht durch ein in uns «Hineingrübeln», sondern durch warmherziges Interesse am anderen Menschen als ein im Umkreis lebendes erfahren. Gleichzeitig aber könnte man davon sprechen, daß im Erkenntnisvorgang im hier gemeinten Sinne der eine Mensch den anderen seinem Urbild näherbringt: Verstanden werden, «erkennen, gleich wie ich erkannt bin», heißt: sich selbst besser oder erst richtig verstehen lernen.

Die Philosophie des 20. Jahrhunderts hat mit Martin Bubers *Dialogischem Prinzip* auf diese Tatsache hingewiesen. Buber ging sogar so weit zu sagen, daß sich Ich und Du in ihrer dialogischen Beziehung allererst konstituieren. Sieht man Ich und Du nicht als einheitlich, sondern als jeweils antipathisch-wach-denkend und sympathisch-schlafend-wollend konstituiert, wie es Steiner bereits 1918 in den hier vorliegenden Vorträgen getan hat, erweitert sich das «dialogische Prinzip» um eine tiefere Komponente.

Mit der Rede von der «Bildnatur» des Menschen hat Steiner einen wichtigen Beitrag zur Sozialphilosophie des 20. Jahrhunderts geleistet, der in seiner Konkretion allerdings nicht philosophisch bleibt, sondern der dazu auffordert, durch Übung in die Praxis umgesetzt zu werden, damit der Mensch nicht nur wie jetzt «durch einen Spiegel in einem dunklen Wort» sieht, sondern «von Angesicht zu Angesicht» sehen lernt.

NACHWEISE

I. Vortrag: Dornach, 26. Oktober 1918, aus: *Geschicht-liche Symptomatologie.* Gesamtausgabe Bibl.-Nr. 185, Rudolf Steiner Verlag, Dornach ³1982.

II., III. und IV. Vortrag (Auszug): Dornach, 6. und 7. Dezember; Bern, 12. Dezember 1918; aus: *Die soziale Grundforderung unserer Zeit – in geänderter Zeit-lage.* Gesamtausgabe Bibl.Nr. 186, Rudolf Steiner Verlag, Dornach ³1990.